L'Assemblée des animaux

Filelfo

L'Assemblée des animaux

Traduit de l'italien par
Béatrice Vierne

Illustrations de Julie Terrazzoni

ARTHAUD

87, quai Panhard-et-Levassor
75647 Paris Cedex 13

ISBN : 978-2-0802-5142-8

Ce livre est dédié à Ash, le premier koala
né après le grand incendie d'Australie,
le 26 mai 2020, des cendres
de millions d'animaux.

PREMIÈRE PARTIE

Chapitre 1

LE RASSEMBLEMENT DES ANIMAUX

Le corbeau vient le dernier[1] : voilà ce que cet Italien avait écrit dans un de ses livres. Et lui, le corbeau, arrivait le dernier à la grande assemblée des animaux. Il était en retard et ne parvenait pas à se le pardonner. Cela n'arrive pas souvent, dans la vie d'un oiseau, d'assister à un événement pareil. Le dernier de ses ancêtres ayant participé à une grande assemblée appartenait, il se le rappelait, à une génération bien antérieure, quand le ciel n'était pas encore traversé par ces grands oiseaux mécaniques créés par l'homme et que les lumières éblouissantes des grandes villes n'existaient pas pour rendre difficile toute espèce de navigation à l'aide des étoiles.

Il fut un temps où les hommes se servaient des corbeaux pour interpréter les présages et observaient la trajectoire de leurs vols afin d'orienter leurs propres actions. Ils croyaient encore que ce qui se trouve en haut se trouve aussi en bas et que ce qui se trouve en bas ressemble à ce qui se trouve en haut. Et que toutes les choses sont une seule chose[2], que l'on peut appeler nature.

Mais à présent, les hommes ne regardaient plus le ciel. Ils avaient élevé sur le monde une brume de poussières, de fumées, de mauvaises odeurs qui couvraient le souffle du printemps naissant, de même qu'elles couvraient, à l'équinoxe d'automne, les premières brises des vents d'hiver, trompant une quantité d'oiseaux migrateurs, faisant sauter les programmes, retardant les arrivées et les départs et faisant des routes vers le sud un de ces bouchons bloquant les autoroutes bondées qu'utilisaient les hommes pour se déplacer frénétiquement d'un endroit à un autre, sans que le corbeau parvînt à comprendre les raisons cachées de cette vaine et incessante fuite de soi-même[3].

Contrarié et préoccupé par son retard, le corbeau cherchait à voler le plus vite possible afin de rallier le lieu du rendez-vous, cet endroit secret, le même depuis des millions d'années, que tous les animaux connaissent, parce qu'ils l'apprennent en venant au monde. Tous, sans exception, savent avec certitude deux choses : le secret de la vie (mais c'est une chose dont on ne peut pas parler ici) et où se trouve le lieu secret de la grande assemblée des animaux, afin d'être prêts en cas de convocation. On dit qu'à un moment donné, les hommes eux aussi connaissaient ces deux choses et que c'était même à eux que l'on avait confié le soin d'être les gardiens du monde et de protéger son équilibre. Mais on sait bien comment cela se termina et le corbeau, déjà assez énervé comme cela par son retard, ne voulait pas se rappeler cette histoire que tous les animaux se transmettent, l'histoire de la chute et du grand exode.

Au-dessous de lui la mer blanchissante[4] se ridait, près du bord, dans les crêtes d'écume de ses petites vagues et dans celles que soulevaient les derniers dauphins qui s'attardaient à batifoler, et ensuite l'eau, devenant plus transparente, laissait paraître les variétés multicolores de poissons et sur la demi-lune de sable blanc on voyait crapahuter, véloces, les délégations de crabes. Plus lentement, mais s'y étant prises à l'avance dans leur pondération, quelques tortues de mer circulaient à l'intérieur, laissant dans le sable l'énorme sillage de leurs carapaces. Sur l'amphithéâtre rocheux, les familles de phoques s'étaient déjà installées, à bonne distance de leurs cousins les morses qui, prenant l'air important, se lissaient les moustaches après le voyage. Les pingouins, accablés de chaleur dans leurs pesantes livrées, restaient muets, alignés comme des bornes, selon une géométrie contrastant avec les lignes désordonnées des mouettes, perchées un peu plus loin, éternellement incapables de mettre fin à leurs piaulements, fût-ce à la veille d'un rendez-vous aussi important.

Le corbeau survola la plage et les rochers, se cabrant le long de la paroi raide de la montagne. Il vit grimper les délégations arrivant de toutes les parties de la Terre. Les chamois dorés sautaient à toute vitesse, montant aux côtés des chèvres, les rennes côtoyaient les mules, les gazelles et les antilopes allaient gentiment au pas des chameaux, des brebis, des vaches, des rhinocéros et des porcs, ce qui n'est pas leur habitude. Et puis les lapins et les lièvres, les castors et les écureuils et, avec plus de lenteur, les hérissons vêtus de leurs carquois de bronze et les iguanes de leurs boucliers d'émeraude et d'ambre.

Si habitué que fût le regard du corbeau à la fourmillante multiplicité du règne vivant, jamais il n'avait vu, dans toute son expérience, une multitude d'animaux si vaste et si variée ni un tel ordre. Il faut dire qu'à l'occasion de ces grandes assemblées, la loi de la nature est suspendue : ni prédateurs, ni proies, ni forts, ni faibles, ni grands, ni petits, c'est ainsi que la chose a été établie dès le début, c'est ainsi que cela s'est passé aux temps de l'arche. Et c'est ainsi, la chose est écrite, que tout se passera à la fin des temps : le loup séjournera avec l'agneau, le léopard gîtera avec le chevreau ; le veau et le lionceau pâtureront ensemble, et un petit garçon les conduira. La vache et l'ourse lieront amitié ; ensemble gîteront leurs petits, et le lion, comme le bœuf, mangera de la paille. Le nourrisson jouera près du repaire de l'aspic, et dans le trou de la vipère l'enfant à peine sevré avancera la main[5].

L'œil du corbeau ne cessait de scruter. Dans l'herbe des fourrés, les serpents aux peaux tachetées rampaient bienveillants, sans traîtrise, au rythme des colonnes colorées et vagabondes de chenilles et de lombrics que les lourdes pattes des sangliers s'efforçaient méticuleusement de ne pas écraser. Le grand peuple des souris montait à la façon d'une marée grise, imperceptible comme toujours, en dehors du frôlement des fines queues entre les brindilles. Avec un zèle aveugle, les taupes labouraient les flancs de la montagne, laissant derrière elles des petites tranchées de terre remuée. Entre les branches des arbres, les familles de singes bondissaient à grand bruit, rivalisant avec celles des félins silencieux, prenant de l'avance sur les paresseux insouciants sous l'œil entrouvert des caméléons. Des bandes d'alouettes, de rouges-gorges, de moineaux, de troglodytes, d'hirondelles en formation volaient à basse altitude, environnées par le ronflement vibrant des colibris qui se mélangeaient aux bengalis, aux perruches et à tout l'arc-en-ciel des oiseaux tropicaux, s'élevant des pentes de la montagne comme les étincelles montent d'un feu dans une forêt.

Loin au-dessus d'eux, invisibles à tous les regards autres que ceux des oiseaux, les rapaces impériaux, le faucon, l'aigle, l'épervier, faisaient leurs vols de reconnaissance, traçant autour de la cime un bouclier invisible. Déjà à son poste, parmi les nœuds des troncs, le peuple des hiboux, chouettes et autres grands ducs écarquillait les yeux devant les nouveaux arrivants. Quand le corbeau eut presque atteint le sommet, il vit paraître autour des arbres et des buissons fleuris la fantasmagorie des papillons, des scarabées sacrés à la cuirasse irisée, des libellules immobiles dans les airs, des légions infinies et frémissantes d'insectes.

Il était presque arrivé. Il pouvait apercevoir les sièges les plus hauts de l'assemblée, les trônes de pierre réservés aux grands fauves, aux tigres, rois de la symétrie[6], aux lions, rois de naissance, au divin éléphant, à l'ours, souverain en exil, au noble cheval à la crinière raidie par le vent des cimes. Disposés tout autour, en cercles presque concentriques, répartis entre les arbres et les recoins de la forêt, se tenaient les représentants des savanes, des jungles, des déserts, des landes et des toundras, des atolls inconnus, des neiges éternelles dans les montagnes. Il croisa le regard hautain des girafes, il perçut la timidité des cerfs, la violence contenue des taureaux, la sotte excentricité des zèbres, le ricanement subtil du renard, le fol éclat de rire de la hyène, le sombre appel du loup. Au centre de l'hémicycle, offrant un miroir aux immenses troncs séculaires, l'eau grise et métallique du lac retentissait des éternels coassements des grenouilles, *Brekekekex-koax-koax*[7], et se ridait au-dessus du frétillement muet des saumons arqués, giclant sur le gros museau de l'hippopotame et brouillant les silhouettes cuirassées des crocodiles qui flottaient à fleur d'eau comme des troncs abandonnés.

Il aurait voulu regarder encore, mais il n'en avait plus le temps. Il ouvrit ses ailes noires pour planer plus en aval. Il chercha des yeux les sièges qui restaient. Dans l'épais feuillage d'un chêne, il trouva sa place à côté de la colombe. Elle ne tenait pas dans son bec le rameau d'olivier. Cette fois, ce n'était pas de paix qu'elle était venue parler mais, comme tout le monde, de guerre.

Chapitre 2

L'ASSEMBLÉE DES ANIMAUX

— Cocorico ! chanta le coq, assourdissant, depuis la cime du baobab nain.

— De l'ordre ! De l'ordre ! hurla le morse furibond, depuis son rocher tout en bas. Les stridulations, hennissements, grognements, caquètements, croassements, braiments, hululements, bêlements, rugissements, mugissements, barrissements, brames, couinements, glapissements, gazouillis, roucoulements, aboiements, coassements, pépiements, braillements, sifflements, miaulements, ronflements, bourdonnements[1] se turent d'un coup. Ce silence que seuls les animaux savent observer en certaines circonstances, juste avant un tremblement de terre, un raz-de-marée, une éruption volcanique, une éclipse solaire ou un autre de ces phénomènes majeurs, s'abattit sur la montagne. Ce ne fut qu'après quelques secondes, au cours desquelles chacun tendit l'oreille pour entendre le bruissement des feuilles dans le vent, que le jaguar parla.

— Amis, animaux, citoyens du monde[2], frères de sagesse, pairs du présent conseil, vous savez tous pourquoi nous sommes ici. À quelques reprises déjà, par le passé, nous les maîtres de la Terre, ses habitants les plus anciens et les plus sages, nous nous sommes réunis pour étudier la façon d'affronter la menace de son colon le plus jeune et le plus intempérant, l'homme.

— Et comment ! hurlèrent les singes. Nous vous l'avons toujours dit, qu'il ne descendait pas de nous.

— Taisez-vous, brayait l'âne. L'homme sait très bien, même s'il ne veut pas l'admettre, qu'il est une de nos métamorphoses et que ce n'est qu'avec nos sabots qu'il peut prendre les chemins de la Lune[3], qu'avec nos oreilles qu'il peut entendre le rappel de la loi morale[4].

— Tais-toi donc toi-même, bigot superstitieux, serviteur imbécile de deux maîtres, intervint l'ibis, haussant le cou au-dessus de la troupe compacte des oies qui se plumaient, très concentrées. La seule loi morale de l'homme devrait être celle de la nature, mais il ne me semble pas qu'on attribue aux ânes cette grande sagesse d'avoir su le lui rappeler, comme tu le soutiens.

Un crissement d'autruches et de paons, de grues et de flamants suivit, moqueur, les paroles de l'ibis, tandis qu'un battement rythmé de becs et de sabots, de pattes et de crocs, de queues et de nageoires assurait la claque.

Le jaguar accroupi leva la patte droite, comme on le voit parfois dans les dessins des Mayas, et il rugit pour obtenir le silence.

— L'homme, comme je le disais, a été la cause de nombreuses catastrophes sur la Terre. Mais celle-ci – et il grinça des dents – par laquelle il a voulu saluer la veillée de l'Année de la Souris nous ramène aux contes des oiseaux qui ont vu, de leurs yeux, les glaciations, les déluges universels, les extinctions de masse, notamment celle de la grande famille des anciens sauriens, des dragons sacrés, dont seuls quelques survivants, plongés dans les profondeurs des lacs ou les abysses de l'océan, sont restés en vie.

Les cobras dressèrent la tête et, des nervures de leur cou, firent sortir leur capuchon comme des moines en prière, les serpents à sonnette secouèrent leurs sistres funèbres, deux lézards jaillirent hors des cryptes dans lesquelles l'exiguïté de leurs corps les avait forcés à vivre, à la différence de leurs puissants ancêtres ; un iguane montra en un éclair sa langue rouge qui jadis était de feu, et la clairière fut toute bariolée par un scintillement d'ocre et d'émeraude, d'ébène et de turquoise, comme devait l'être le monde quand il était jeune et que les reptiles en étaient les gardiens.

— Un holocauste, reprit le jaguar en martelant ses mots. Un milliard de frères exterminés par l'homme pour des motifs futiles et sans le moindre signe de repentir, brûlés vifs dans les flammes d'un gigantesque bûcher, d'un sacrifice de masse, dénué de sens. Un milliard de compagnons réduits en cendres, de cadavres entassés dans les landes de cet hémisphère austral qui restait notre dernier fief, avec ses plaines, ses déserts, ses forêts où les animaux et les humains pouvaient encore cohabiter, semblait-il. C'est pour cette raison que nous sommes ici réunis et je vous remercie d'avoir tous répondu, de toutes les parties du monde, à cette convocation d'urgence.

Pendant le murmure qui suivit les paroles du jaguar, les yeux de tous les animaux se tournèrent vers la délégation des marsupiaux, assise, muette et calme, sur les bancs réservés aux témoins, les petits des kangourous s'étant blottis dans la poche de leur mère, environnée de représentants de ces autres familles de grands et petits mammifères, reptiles et oiseaux du bush qui, lors du grand holocauste australien, avaient vu périr d'innombrables amis innocents. Aucun d'eux ne disait mot : le moment n'était pas encore venu.

Le jaguar reprit :

— En dépit des fréquentes et graves raisons de s'alarmer, signalées par beaucoup d'entre vous au cours des derniers siècles, jusqu'à présent nous sommes restés à regarder. Cela fait trop longtemps que nous voyons nos frères les poissons suffoqués par le plastique et le pétrole.

Un dauphin appuya ses dires en faisant une cabriole au-delà des rochers et en multipliant les vrilles au milieu de l'écume.

— Trop longtemps que nous n'avons pas écouté les appels à l'aide de nos amis chassés des forêts que l'homme abat, s'imaginant qu'elles sont inépuisables. Trop longtemps que nous avons abandonné nos compagnons les plus vulnérables aux bagnes des élevages intensifs, aux camps de concentration des abattoirs, aux wagons à bestiaux où il vaut mieux mourir que d'arriver à destination, aux marchés humides où ils sont choisis, condamnés et exécutés d'un seul geste insouciant, aux cages des zoos où les félins en captivité sont plus nombreux que ceux vivant encore libres dans les espaces sauvages, aux cellules des laboratoires où ils sont soumis aux expériences les plus atroces.

— Bravo ! Bravo ! couina, tout émue, la délégation des cochons d'Inde, alignés au bord du lac.

— Et que dire de leur roue de la mort, s'exclama le hamster, trouvant chez les rangées de canaris une solidarité inattendue.

— Ne nous parlez donc pas de mort, à nous autres, caqueta une oie du groupe de Strasbourg, nous qui mourons le foie engraissé et, je peux vous l'assurer, de très mauvaise humeur.

Un bêlement aigu de protestation s'éleva sur le côté gauche du troupeau de brebis, réservé aux agneaux :

— Notre délégation est la plus jeune, mais figure parmi celles qui souffrent depuis le plus longtemps. Depuis le jour où l'homme a décidé que parmi tant d'animaux, c'était justement nous qu'il fallait sacrifier, nous, les plus innocents, les plus tendres, les plus immaculés, nous qui ressemblons tant aux bébés quand nous pleurons.

Le chef de file des porcs se dressa, bouffi d'orgueil dans son auge de boue improvisée :

— Et pourquoi, dans les rites les plus anciens, nos petits n'étaient-ils pas destinés à mourir égorgés à la place des nouveau-nés de l'homme, petits, roses et lisses comme eux ? Vous savez ce qu'on dit parmi les hommes ? Que chez nous, il n'y a rien à jeter ! Nous sommes les plus exploités, élevés, dévorés.

— Mais au moins, dans la moitié du monde, on ne vous mange pas, souligna le bélier, habitant du désert. À quoi bon être le compagnon du berger nomade en Asie ? Ça ne t'empêche pas d'être rôti et enfilé par petits morceaux sur la broche d'un kebab.

Un puissant mugissement fut alors émis par la vaste foule des vaches occidentales qui, dans la royauté olympienne de leurs yeux[5], avaient tant de sœurs emprisonnées, engraissées qui finissaient, pour toute récompense, abattues et transformées en biftecks.

Le vacarme était désormais, comme on a coutume de le dire, bestial. Lapins, canards et dindes donnaient de la voix, débitant la liste des recettes de fête à l'occasion desquelles ils étaient cuisinés, laissant tomber quelques mots du jargon humain tels que farci, à l'orange, et salmis, soudain interrompus par une spectaculaire émersion de homards d'âge canonique qui, dressant leurs pinces orangées contre l'horizon turquoise, rappelèrent à tout le monde de quelle manière ils finissaient dans la casserole. Ce fut alors que dans les eaux transparentes de la baie on vit affleurer la flottille des thons et, au nom de tout le peuple de la mer, mollusques inclus, elle commença à égrener son chapelet de forfaits et de tueries, tandis que le bar et même la méduse des mers orientales se contorsionnaient en signe d'indignation.

— Les sushis, traduisit dans un murmure le panda au grizzly assis à côté de lui.

Ainsi, entre les cris de la faune sauvage du ciel et des bois, le tumulte bovin, porcin et équin, les clameurs discordantes des ovins, l'indignation générale montait.

— De l'ordre ! De l'ordre ! se remit à crier le morse, éveillant des échos contre le flanc de la montagne et s'efforçant de tenir à l'œil ses cousins les phoques qui conduisaient les protestations conjuguées des loutres, castors et animaux à fourrure plus aristocratiques – hermines, visons, zibelines – échelonnés le long de la paroi boisée. Les grands fauves eux-mêmes – léopards, tigres – s'étaient énervés en pensant au nombre de leurs semblables transformés en manteaux, voire en descentes de lit. Le cerf bramait en songeant à l'usage humiliant qu'on avait fait de ses cornes, accrochées aux murs, incorporées dans le mobilier, devenues un symbole vulgaire dans les gestes de l'homme. L'éléphant barrissait l'ivoire de ses défenses, la tortue pleurait les écailles de sa carapace, personne n'écoutait plus personne. Et ce fut alors qu'après avoir tournoyé en cercles concentriques, presque invisibles, arrivant d'une prairie de fleurs de thym, inaudible dans le tonnerre avec son bourdonnement ténu, la reine des abeilles atterrit sur la tête du jaguar.

Le peuple des insectes se tut en signe de vénération, aussitôt imité par celui des oiseaux. Le cormoran lui-même qui, avec l'albatros, remâchait de tristes souvenirs de voyages en mer et de flaques de pétrole, se retourna soudain et planta ses yeux dans les yeux noirs et hypnotiques de la minuscule souveraine. Le grand ours brun s'avança à travers la foule, qui lui fit place, tandis que le silence petit à petit revenait entourer la montagne et la baie. Comme chacun sait, l'ours est un gentilhomme extrêmement pointilleux, qui ne déviera jamais d'un pouce de son chemin, fût-ce devant un prince ; donc le plus simple quand on le rencontre est de tourner les talons et de prendre une autre direction, parce que s'il s'aperçoit que quelqu'un le fixe de son regard, il prend cela pour un affront et il est prompt à laisser là toutes ses autres affaires afin d'obtenir une chevaleresque réparation. C'est là la première de ses qualités. L'autre, c'est qu'une fois outragé, il ne vous pardonne jamais, ne vous lâche plus ni jour ni nuit et vous talonne jusqu'à ce qu'il vous ait rejoint et se soit vengé[6].

Mais en cette occasion, il s'agenouilla devant la reine, en signe de gratitude éternelle pour son miel, qui lui adoucissait la vie et lui redonnait des forces dès qu'il sortait de sa léthargie, maigre, épuisé, affamé, le faisant repartir au rythme de la nature dont le peuple de la souveraine assurait les liens éternels par son incessante circulation du pollen.

— Notre dame des fleurs et du travail, amie de la nature, messagère d'amour, toi qui dans ta sagesse organises, parmi les alvéoles dorées de tes ruches, le renouveau de la Terre – l'ours baissa la tête, n'étant pas habitué aux grandes homélies, et prit au plus court –, mets donc de l'ordre, je t'en prie, dans notre assemblée. Parle, personne ne t'interrompra, ajouta-t-il en regardant autour de lui d'un air menaçant.

Le jaguar s'inclina à son tour et accepta avec fierté que le velours maculé de sa tête servît de trône à la reine des abeilles. Laquelle déclara :

— J'ai défendu à plus d'une reprise la main de l'homme, parce que je la connais. Je connais son intelligence et sa rage. Je connais son cœur et sa peur. Et même sa souffrance. Le peuple des abeilles, murmura-t-elle avec douceur, en repliant ses ailes, est parmi les rares peuples ayant conclu un pacte avec la jeune espèce. Nous leur avons enseigné la patience et la lenteur dans les mouvements, la cohabitation sociale, nous leur avons fait comprendre qu'aucune entreprise ne peut être menée à bien par un seul. Nous avons soulagé leurs maladies et adouci leurs journées. Peut-être pas autant, certes, précisa-t-elle avec un charme irrésistible, que celles du gentilhomme qui a bien voulu me présenter – et elle regarda l'ours qui rougit comme seuls les ours savent le faire. – Nous avons été généreuses de notre temps et de nos arts, parce que nous espérions que l'homme apprendrait qu'il y a une parenté entre la terre et le ciel, la psyché et la chair, le corps et l'esprit, et que notre univers se règle selon leurs liens[7]. Que la nature compose un seul et unique système, fait de connexions infinies et méticuleuses, et que le monde possède une seule âme, faite de tout ce dont nous autres, animaux, sommes, comme le dit notre nom, le miroir. Que la survie appartient à tous ou à personne. Que le cycle de la vie, la loi de la nature sont cruels, mais pas stupides. On ne détruit que pour créer, et ce qui est créé sera détruit, et ainsi de suite à l'infini. Nous le savons bien, nous autres bêtes, qui ne cessons de manger et d'être mangées, qui poursuivons ou fuyons, qui chassons ou nous cachons, depuis le commencement des temps. Mais c'est justement pour cela, comme l'a si bien écrit un ami anglais, poète, que nous exécutons les préceptes de la nature avec promptitude et efficacité, sans jamais céder à la mauvaise conduite, sauf de temps à autre, par hasard. De naissance, nous sommes douées de bonnes manières, nous ne nous frayons pas le chemin à coups de coude[8]. Nous ne supplions pas, nous ne demandons pas grâce, nous ne nous croyons jamais vaincues[9]. Nous ne laissons pas voir que nous nous savons condamnées[10], même si nous en avons tout à fait conscience. Mais nous vivons en nous tenant loin des illusions comme de la haute mer[11]. Les hommes disent que c'est l'instinct qui nous guide, moi, j'appellerais cela le sens commun[12].

La reine des abeilles fit une pause, savourant l'effet de ses paroles.

— Où est-il, mes amis, le sens commun que nous voyons aujourd'hui chez l'homme ? Où est-il ?

Et elle gonfla ses ailes, en les faisant vibrer.

— Où est-il ? vrombit-elle plus fort, se soulevant, à la force des ailes, à quelques centimètres au-dessus de la tête du jaguar.

— Où est-il ? reprirent en chœur les mugissements, les rugissements, les brames, les hululements, les jappements.

Une onde sonore unique parcourut la montagne, la forêt, la mer. Ce fut alors que les regards de tous se posèrent sur l'invité d'honneur. Le koala fut prié de parler.

Chapitre 3

LE TÉMOIN

Une bouffée d'eucalyptus envahit l'air, tandis que le koala passait lentement du banc des témoins au siège le plus élevé de l'assemblée. De tous les animaux, le koala était le plus timide et le plus réservé. Et aussi le plus indifférent aux classifications des hommes : ongulé sans être féroce, marsupial sans en éprouver le besoin, de bon caractère mais solitaire, doux mais impossible à domestiquer. Les émotions fortes n'avaient jamais figuré dans son idéal de vie. Tout ce qu'il demandait à la nature, c'était une quantité suffisante de feuilles d'eucalyptus – celles-là mêmes que certains hommes roulaient en tube et fumaient pour se détendre – et un bon nombre d'heures de sommeil ininterrompu. Mais à présent, le koala était troublé. On aurait même presque pu dire en état de choc. Il ne dormait plus depuis les jours du grand incendie ; il n'en était pas passé un si grand nombre, mais suffisamment, s'ajoutant à la fatigue du voyage, pour transformer un animal serein, pacifique et équilibré en rescapé vieilli d'un coup, languissant, éperdu, avec le regard d'un être à peine revenu d'outre-tombe. Il avait pour escorte un groupe hétéroclite de dasyures, wombats et opossums pygmées, tous adolescents, qui le traitaient comme un grand-père adoptif. Le koala s'assit, avec difficulté, imité par sa suite, et fit une longue pause afin de reprendre son souffle, s'éventant avec une petite branche d'eucalyptus. Puis il finit par parler :

— La Terre était plongée dans l'obscurité. Il faisait toujours nuit. La fumée était suffocante. Les arbres brûlaient. Nous ne parvenions plus à nous déplacer. Mes amis ont pris feu avec les feuilles. L'odeur chérie de l'eucalyptus mêlée à cette odeur de chair brûlée. Jamais plus je ne mangerai d'eucalyptus.

Il s'interrompit avec un sanglot, retenant ses larmes. On n'entendait pas une mouche voler, littéralement : le peuple des insectes lui-même, ces maîtres de la discipline, indépassables dans l'art de mettre à l'épreuve n'importe quel animal, n'importe quel être humain pendant ses exercices de concentration ou ses prières silencieuses, se taisait, tout ouïe.

— Je ne sais pas comment je suis parvenu à sortir du bois. Je courais, la gorge me brûlait, mes forces m'abandonnaient, j'étais aveuglé. Et pourtant, mes amis, gémit-il, quand j'ai regardé derrière moi, comme je l'ai fait une fois dehors, j'aurais préféré ne plus y voir. À perte de vue, dans la plaine jusqu'à l'horizon, des silhouettes noires comme des roches, inanimées, l'une derrière l'autre. Des animaux beaucoup plus gros que moi, ou beaucoup plus petits, qui étaient parvenus à s'extirper de l'enfer du feu, mais pour succomber aussitôt, certains entièrement carbonisés, d'autres, après des agonies indescriptibles, ayant tout simplement capitulé. Ceux qui ne mouraient pas par le feu étaient achevés par le manque d'eau. Et ceux qui cherchaient à s'en procurer étaient abattus par les fusils des hommes, si peu nombreux, surtout là-bas, par rapport à nous, mais si jaloux de leurs réserves.

Le blatèrement de douleur du peuple des dromadaires et des chameaux, accroupis sur le sable, monta le long des parois de la montagne en guise de commentaire.

— Moi-même, je mourais de soif. On dit que le koala est un animal qui ne boit pas. Ce n'est pas vrai. Nous avons tous besoin d'eau. Et moi, j'ai honte de le dire, j'étais dans un tel état de désespoir qu'en me frayant un chemin entre les monceaux de cadavres, j'ai rejoint la route de l'homme. Les hommes pensent que nous autres, animaux, nous ne demandons rien parce que nous ne comprenons rien. Ils ne savent pas que c'est uniquement par gentillesse que nous nous abstenons. Et moi, j'ai demandé. J'ai arrêté une dame, elle était à vélo, elle avait une bouteille d'eau, je la lui ai indiquée, elle m'a donné à boire[1]. Mes amis, par millions, on dit même un milliard en quelques jours, sont tous morts de la main des hommes. Et moi, je suis ici, vivant grâce à l'un d'eux. Vous comprenez ? Vous comprenez ?

La voix du koala se brisa définitivement dans un torrent de larmes, et il ajouta dans un dernier râle presque incompréhensible :

— Ils m'ont tout enlevé, même la haine.

Le koala quitta le siège suprême, soutenu par sa suite, dans le silence général. Après un tel témoignage, personne n'éprouvait le désir de prendre la parole. Un peu partout, les regards se croisaient, s'épiaient, se soupesaient, se flairaient. Par le passé déjà, au sein de l'assemblée des animaux, les formations s'étaient divisées. Les unes défendaient l'homme d'office et soutenaient la nécessité d'un compromis, au nom de la cohabitation entre les espèces respectant depuis l'origine des temps la loi de la nature : c'est-à-dire la loi du plus fort. L'homme, finalement, insistaient ces modérés, n'était rien d'autre qu'un grand prédateur qui, grâce à ses forces et à son intelligence, avait gravi tous les échelons de la chaîne alimentaire, ce dont on lui avait donné acte. Les grands souverains du passé, les rois des jungles, des cieux et des océans n'avaient rien trouvé à y redire, ils avaient soutenu pendant des millénaires les partisans de la cohabitation : quelle que soit l'ère, il y a toujours eu et il y aura toujours un prédateur alpha et, en ce qui concerne la nôtre, c'est l'homme. Le clan opposé était d'un tout autre avis : mais de quel souverain parlait-on ? L'homme n'était qu'un usurpateur. Et de quelle loi de la nature ? Si l'homme faisait des lois, c'était pour mieux la détruire, la nature. Et de quelle cohabitation s'agissait-il, si la vie des espèces non humaines était menacée d'extinction ? Et ce n'était pas seulement les animaux qui étaient en danger, mais aussi les plantes, et l'air lui-même, et l'eau, tout ce que l'homme appelait écosystème et les animaux habitat.

Cela, l'assemblée tout entière le pensait sans se le dire. Tous savaient pourquoi ils avaient été convoqués et savaient donc que le moment était venu de choisir son camp.

Chapitre 4

LA STRATÉGIE DE LA SOURIS

Assis sous un pont, le roi des souris se tâtait[1]. Peut-être, pensait-il, après tant de siècles, son heure était-elle enfin venue. On sait bien que lorsqu'une assemblée est réduite au silence, absorbée dans des pensées contradictoires, il suffit de peu de chose pour l'enflammer, pourvu que l'on sache trouver les paroles idoines. Et lui, les paroles, cela faisait des millions d'années qu'il savait les trouver. Il n'avait rien à apprendre du langage redondant de l'homme. Il l'avait étudié et, parmi les animaux, nul ne connaissait la race humaine aussi bien que lui. Des générations de souris avaient observé et attendu. Elles étaient descendues, la nuit, des hottes de cheminées éteintes, elles s'étaient penchées au-dessus des berceaux. Elles étaient montées des caves le jour, elles avaient épié les repas à la lumière incertaine des chandelles, humant l'odeur du lard sur lequel on déposait la polenta. Elles avaient débarqué des navires pour conquérir les mêmes mondes que conquéraient les hommes et, dans ces mondes, comme certains autres experts de l'âme humaine, elles avaient presque toujours apporté la peste[2]. Mais elles avaient toujours été vaincues et reléguées dans les régions souterraines, parmi les ruissellements des égouts, dans les fosses d'aisance, les boîtes à ordures. Immondes, rejetées, chassées du trône qui aurait dû leur revenir de droit compte tenu de leur intelligence, de leur rapidité, de leur adaptabilité. Les hommes et les souris : c'était celui-là le véritable duel, depuis que les deux espèces étaient apparues sur la Terre. Et maintenant, le roi des souris avait l'occasion de le remporter. Son armée était la plus nombreuse, ses généraux étaient à ses côtés à ce moment précis.

Dans le ruisseau trouble, leurs silhouettes de plomb affleuraient à peine au fil de l'eau, leurs queues fines comme des baïonnettes se tordaient, nerveuses, leurs dents aiguisées comme des poignards, dans le fourreau de leur bouche fermée, étaient prêtes à saisir l'occasion. Légion après légion. Il bondit, rapide comme l'éclair et, sans qu'on pût l'arrêter, il gagna le trône ; dans le silence général son couinement fit l'effet d'un rugissement.

— La peste. Ce qu'il nous faut, c'est la peste. Nous en avons de toutes sortes. La noire, la bubonique, la pneumonique, pour s'en tenir à celles auxquelles l'homme a justement donné ces noms. Mais vous savez tous que nous autres, peuple des souris, nous disposons d'un vaste catalogue, et qui a fait ses preuves. Notre réseau mondial garantit le sérieux et la rapidité. Depuis des millénaires, nous diffusons des épidémies avec autant d'efficience que d'efficacité. Nous avons toujours garanti une décroissance non négligeable de la communauté humaine. Grâce à la peste antonine, pour ne citer qu'un exemple dont nous sommes encore particulièrement fiers, nous avons diminué de quarante pour cent la population – selon les estimations les plus modestes – et provoqué, je le dis sans fausse modestie, la chute de l'Empire romain. Au Moyen Âge, nous avons, avec rigueur et méthode, réduit la démographie en Occident à un ramassis de manoirs et de masures, sans laisser aux hommes de ces régions la possibilité de recréer un État véritable. Nos exploits ont été décrits par leurs historiens les plus importants, chantés par leurs plus grands poètes, ont inspiré la trame de leurs romans les plus célèbres. Parce qu'ils savent bien que le bacille de la peste ne meurt et ne disparaît jamais, qu'il peut rester pendant des dizaines d'années en sommeil dans les meubles et le linge, qu'il attend patiemment dans les chambres, les caves, les valises, les mouchoirs ou les paperasses, et que le jour viendra où, pour le malheur et l'édification des hommes, la peste réveillera ses rongeurs pour les envoyer mourir dans une ville heureuse[3].

Le roi des souris, ayant bien senti qu'il tenait désormais l'assemblée dans son poing, passa à la conclusion.

— Moi, mes frères, je vous dis : laissez-nous faire. Au cours des derniers siècles, vous nous avez empêchés d'agir, ne nous laissant propager, non sans une certaine frustration, que des maladies mineures, humiliantes, comme la leptospirose ou la salmonellose. Il est temps de nous donner les pleins pouvoirs. Je vous garantis, quant à moi, un homme mort pour chaque animal mort. Comme ils le disent eux-mêmes, œil pour œil – il cligna du sien –, dent pour dent.

Et il découvrit les siennes dans un rictus.

Chapitre 5

L'AIGLE PRÊCHE, LE LION RUGIT

La souris n'eut pas le temps de savourer les applaudissements qui commençaient à s'élever dans certains secteurs de l'assemblée, car soudain une grande ombre tournoyante se projeta sur le parlement des animaux, cachant le soleil par intervalles. Planant avec une grâce antique, le féroce aigle royal descendit du ciel turquoise. La souris eut un réflexe de terreur et, oubliant le décret de suspension de la loi naturelle, elle se cacha, encore plus vite que son ombre, à l'intérieur d'une fougère. Ainsi parla l'aigle, s'agrippant au trône de pierre à la force de ses serres :

— Au commencement était le cri, et le cri c'est moi[1], qui suis l'image et le sosie de leur dieu.

Les bataillons des intelligences ailées étaient disposés selon leur hiérarchie céleste[2], afin de refléter la formation de vol adoptée pour les grandes migrations. Sous les trônes des rapaces impériaux se trouvaient les domaines des oies, puis les fiefs blancs des cygnes et les principautés rousses des tadornes casarca. Plus bas encore venaient les canards aux plumes teintées de noir, blanc et rouge, comme des séraphins, et l'on descendait finalement jusqu'aux pluviers chérubiques au bord du lac[3]. Et puisque, dans l'ordre des oiseaux, les grades inférieurs possèdent eux aussi les illuminations et les pouvoirs des grades supérieurs[4], tous comprenaient avec le même intellect et accueillirent les paroles du roi avec une lueur d'orgueil dans le regard.

— Par les pouvoirs que me confère ma royauté dans tous les coins du ciel, poursuivit l'aigle, par l'ampleur des étendues et des règnes que je connais et que j'observe de mon œil impartial, par la sagesse que l'homme lui-même au cours des millénaires m'a reconnue et par ses dieux dont je suis le symbole et l'avatar, je vous déclare : il n'y a rien de nouveau sous le soleil[5]. Nous aurons tous le même sort. Le destin des hommes et celui des animaux sont identiques. Les uns meurent, les autres aussi. L'homme n'a aucune supériorité sur les bêtes[6].

« Il est vrai que le cœur des hommes est empli de mal et que la sottise y loge tant qu'ils sont en vie, mais ensuite ils s'en vont chez les morts. Les actuelles générations humaines périront, d'autres viendront, et périront à leur tour. Leur amour, leur haine, leur ignorance, tout s'éteindra[7]. Leur main nue et fragile n'est qu'une brindille qui provoque aujourd'hui une friction dans la grande roue de l'univers, mais qui ne peut arrêter son mécanisme ni rompre la sainte alliance de la nature vivante : mieux vaut un chien vivant qu'un lion mort[8], c'est écrit. Depuis bien des éons, nous, les aigles, voyons fourmiller les misères humaines sous le soleil. Des empires naissent et meurent, des peuples migrent, des fils tombent à la guerre, pareils aux fourmis dispersées par le pied insouciant du paysan, comme les soldats d'Achille ; des villes sont anéanties comme des ruches enflammées, des voleurs deviennent rois, des justes sont envoyés au bûcher à titre de victimes sacrificielles.

« Tel est le destin de l'homme sous le soleil. S'il doit s'éteindre, il s'éteindra, s'il doit prévaloir, ce ne sera que pour le temps qui lui est imparti. Prenez garde à ne pas anticiper sur les événements, vous dis-je, habitués que nous sommes à la patience, gardiens des cycles des saisons, témoins d'équinoxes infinis. Il n'y a rien de nouveau sous le soleil, et nous ne pouvons pas changer ce qui advient sous le soleil.

La fougère sous laquelle elle s'était cachée ne suffit pas à protéger la souris du regard d'éternel mépris que lui avait lancé l'aigle.

Il n'était pas habitué, le roi du ciel, à être contredit. Mais cette fois, il le fut. Alors qu'il était encore occupé à conclure, de son grand bec arqué, un rugissement terrible résonna sur la cime de la montagne et pétrifia l'assemblée.

— Un lion mort, as-tu dit ? Un seul ? Tu es peut-être le roi des cieux, aigle royal, mais moi, je suis le lion, roi des forêts et des terres sous le soleil. Et mon œil, sans avoir été peut-être aussi souvent chanté par les poètes que le tien, voit quand même la terre, au ras du sol, si l'on peut dire. Et ce que je vois, c'est le petit nombre d'entre nous, le déplorablement petit nombre de lions qui restent après les exterminations, et le petit nombre de nos égaux.

Et ceint du collier de sa crinière, dans son manteau de velours qui suivait ses muscles comme le courant suit le cours du fleuve, il gonfla son cœur de lion et indiqua les tigres, les panthères et les autres grands félins allongés à côté de lui :

— Et le petit nombre de nos seigneurs.

Puis il se tourna et, avançant sa grande mâchoire, invita ses vassaux à se montrer, les cavaliers, les fantassins et même les serviteurs les plus humbles venus jusque-là afin de témoigner. Selon le cérémonial en usage dans les fiefs du roi, tous les sujets réunis en face de lui se préparèrent au rite. Comme le jonc qui se couche en attendant la fin de l'inondation, les créatures de la savane baissèrent la tête et firent entendre le mot universel de l'obéissance à la nature :

— Évohé.

Les robes des lièvres et des lémuriens, des mangoustes et des mandrills, des buffles et des gnous, des chacals et des lynx s'étendirent dans un geste de prosternation, revêtant la plaine comme des tapis de prière dans une grande mosquée.

— Évohé, évohé, évohé, répétaient-ils.

Et jamais ce cri de joie ne ressembla autant à un cri de guerre qu'à ce moment-là.

— Tu parles d'éons, aigle, reprit le lion, mais tout s'est consommé en quelques saisons. Mon peuple est décimé à vue d'œil. Ce qui arrive dans l'ocre des savanes s'étend à l'azur des océans, au vert des forêts vierges, au blanc voisin des pôles. Notre extermination est celle de tout le monde, puisqu'une seule interruption dans la connexion entre les vivants dissout les liens de la nature. L'acte inique du chasseur d'ivoire – et il se tourna vers le gigantesque et aimable peuple des éléphants dont les lentes trompes acquiescèrent douloureusement – provoque une réaction simultanée à l'autre extrémité du globe, de même qu'un ouragan est engendré par le lointain battement d'ailes d'un papillon. L'homme déclenche le chaos dans ce que tu appelles l'ordre et que lui appelle le cosmos.

Tous les regards se fixèrent sur l'ours polaire qui avait quitté son banc de glace érodé, résidu de la banquise où il vivait, condamné à la faim et à une solitude sans limites. Mais il resta immobile et, selon son habitude, ne proféra pas un seul mot. Et son silence parut aussi bruyant que l'éternel hurlement des glaciers qui, en se détachant de plus en plus rapidement, se brisaient et tombaient dans la mer. L'orang-outang, au contraire, commença à se battre la poitrine de ses deux mains roses :

— Dans les forêts vierges, repoussées par l'avancée des palmiers à huile qu'ont plantés les hommes, l'un d'entre nous meurt de faim toutes les heures, cria-t-il derrière le totem de son visage, rond et écrasé, tandis que l'on voyait sortir des coulisses que formaient les bambous les masques noir et blanc des pandas, portant sur eux, comme le signe du tao, la lutte entre la vie et la mort de leur espèce.

— Nous, si peu nombreux, rugit le lion, nous les heureux, si peu nombreux. Nous, poignée de frères. Car celui qui versera son sang avec moi, qu'il soit guépard ou araignée, sera mon frère, et si humble que soit son espèce, elle sera dès cet instant portée aux nues et bien des vertébrés ou invertébrés, à présent tapis dans leurs repaires, se sentiront maudits de ne pas s'être trouvés ici aujourd'hui, leur propre force reproductrice leur paraîtra affaiblie en entendant les récits de ceux qui auront combattu dans cette guerre sainte[9] contre l'homme !

Chapitre 6

LE DILEMME DU CHIEN

Il ne fut pas facile pour le chien de prendre la parole. Depuis un bon moment déjà, il avait flairé l'air qui planait sur l'assemblée. Toutefois, comme c'était un bâtard, croisement somme toute assez réussi de ce que les hommes appellent un braque avec un chien de berger, il avait été choisi comme porte-parole par ses congénères plus diplomates, issus des races pures – lévriers, dalmatiens, danois, caniches et autres terriers – qui l'avaient pris par la flatterie – « Vas-y donc, toi, qui sais mieux que tout le monde parler aux bêtes sauvages » – mais en réalité, ils n'auraient même pas rêvé d'abandonner eux-mêmes leurs précieuses demeures pour affronter d'abord le long voyage, puis, et c'était là le vrai problème, le regrettable préjugé antichien de la quasi-totalité du règne animal.

Et en effet, ce n'était pas facile. On pouvait même parler de mission quasi impossible. Pour s'éclaircir les idées, il chercha à se rappeler comment s'y prenait son maître dans un cas pareil : *primo*, dresser une liste des problèmes, les êtres humains dressent toujours des listes et paraissent trouver ça utile ; *secundo*, biffer les problèmes de la liste au fur et à mesure qu'ils sont résolus ; *tertio*, rédiger une nouvelle liste des problèmes restants ; *quarto*, temporiser en attendant qu'ils se soient résolus d'eux-mêmes ; *quinto*, se résoudre à vivre avec si rien n'y fait, et *sexto*, mettre la liste au panier, tout en se réservant le droit d'en dresser une autre en cas de regain d'enthousiasme.

La vie des hommes est difficile, les chiens le savent bien. Contrairement aux animaux, ils ne contrôlent pas leur temps, ils sont constamment tenaillés par les doutes, ils ne savent pas choisir, bien peu d'entre eux sont guidés par leur instinct, presque aucun, désormais, ne se fie à cette loi de la nature qui ordonne à chacun des plus minuscules habitants de la planète de remplir son devoir tout de suite, sans hésitation, sans imprécision, sans incertitude. Naître, survivre, manger, se reproduire, mourir et, entre-temps, profiter du moment. Telle est la liste pour tout le monde, sauf pour l'homme. Et le porte-parole des chiens éprouvait à son égard une grande peine, ce qui était justement, à ce moment précis, un des problèmes figurant sur sa liste personnelle.

Le second était un conflit de loyautés. On dit que le chien obéit à l'homme comme à un chef de meute. On peut dire la chose ainsi, en effet, mais cette histoire d'obéissance était réductrice. Il s'agissait d'un pacte convenu entre les deux parties. Accoutumé depuis des millénaires à honorer l'accord que ses ancêtres avaient conclu avec l'homme – moi, je te signale les dangers, toi, tu me donnes à manger –, aucun chien ne pouvait de but en blanc rompre ce contrat ; et il ne le voulait pas non plus.

D'un autre côté, les paroles du koala et de tous les autres l'avaient frappé, et il connaissait en outre la situation de ses innombrables frères maltraités par l'homme : les chiens battus à mort, empoisonnés, enfermés dans les chenils, attachés leur vie entière au bout d'une chaîne, victimes de violences, de vivisection dans les laboratoires, obligés de combattre à mort pour la joie des parieurs. Cela, c'était le troisième problème de sa liste. Il ne parvenait pas à comprendre comment il était possible que l'espèce coupable de tant de méfaits fût celle-là même à laquelle appartenait son maître, qui le nourrissait, le faisait jouer comme son propre enfant, l'emmenait se promener même quand il pleuvait, lui confiait ses rêves et ses projets, le soignait quand il était malade et lui donnait le sentiment d'être plus qu'un animal. Il lui avait d'ailleurs donné un nom prestigieux, Montmorency[1], très vite raccourci en Momo afin de pouvoir le rappeler plus rapidement et de le voir accourir dans l'instant quand il avait besoin de lui. Et son maître avait souvent besoin de lui.

La reine des abeilles avait vu juste en parlant de la fragilité et de la souffrance de l'homme. Mais le chien connaissait chez lui quelque chose de plus profond. Depuis le commencement des temps, il l'avait accompagné au lever du soleil, gardant ses troupeaux à la toison frisée, il avait veillé sur son sommeil troublé par les dangers et les fantômes de la nuit. Il avait chassé avec lui non seulement le gibier bigarré de sa table, mais aussi les féroces bêtes noires dont l'homme était la proie et qui n'étaient pas toujours réelles. À ses côtés, il s'était pelotonné devant la danse du feu, percevant dans les ronds de fumée qu'il ébauchait le scintillement de ses visions. Il avait participé à ses rites, il avait été engagé parmi ses dieux, enrôlé dans ses batailles, décoré de ses titres honorifiques. Il l'avait aidé à ramener à la vie, en creusant parmi les décombres dans le grondement des tremblements de terre, en grattant dans la neige tonnante des avalanches, en nageant dans les hurlements de la mer en furie. Il avait guidé ses yeux qui n'y voyaient plus au milieu des obstacles du monde, et l'homme s'était fié à lui aveuglément. Son maître, le chien l'avait toujours reconnu, même quand il revenait d'une longue guerre et de pénibles vagabondages sur les mers et, comme dans un miroir, chien et maître s'étaient regardés, vieux désormais, en se rappelant les jours où ils étaient deux jeunots[2] et en les pleurant. C'était de l'amour, cela.

Mais, ultime problème, dans l'infinité d'idiomes et de signes grâce auxquels les animaux expriment la loi du désir qui les lie l'un à l'autre et à toute la nature, Momo ne trouvait aucune forme d'expression apte à expliquer l'étrange type d'amour de l'homme, non plus que le mystérieux et invincible dévouement du chien.

Avec toute la lenteur possible, s'arrêtant d'un air indifférent pour flairer ici ou là, prenant le temps de se gratter sans grande conviction, haletant, toute langue dehors, alternant entre les différentes sortes de respiration canine et avançant en zigzag, Momo avait gagné le siège. Mais, exactement comme un homme, il n'était pas venu à bout de sa liste. Tout ce qu'il parvint à dire, les oreilles basses et la queue entre les jambes, ce fut :

— Ouah.

Chapitre 7

AINSI CHANTA LA BALEINE

L'assemblée ne s'en aperçut même pas – peut-être fut-il entendu par une poule, un canard ou un pigeon quelconques – à l'exception d'une créature fine et diaphane, qui faisait bien des envieux, étendue à l'écart des autres animaux dans un cerisier en fleur, à l'endroit le plus commode, le plus ensoleillé, d'où l'on avait la meilleure vue. La chatte blanche, presque invisible parmi les pétales blancs, avait observé le comportement de Momo et lu dans ses pensées : c'était là un des apanages de sa race. Lorsque Momo passa à côté d'elle, mortifié, elle lui fit un grand sourire.

— Ça alors ! haleta le chien. J'ai souvent vu un chat privé de sourire, mais là, j'ai presque l'impression de voir un sourire privé de chat[1].

Dans toute cette blancheur, il vit scintiller une paire d'yeux d'un vert bistre.

— Gare au canari sans défense, tombé de sa cage,/gare au pékinois gâté qui s'est exposé à ma rage./Gare à la souris hirsute cachée au fond d'un bateau/et surtout gare au chien qui se mêle de parler beau[2] ! miaula-t-elle. Avant d'ajouter : La prochaine fois, c'est moi qui ferai mieux de parler.

Momo, levant les yeux sous leurs lourdes paupières, répondit avec tristesse :

— Il n'y aura pas de prochaine fois.

La chatte dressa les oreilles : le jaguar avait repris la parole.

— Conformément aux pouvoirs que me confère le rôle de modérateur de cette assemblée, pour lequel je vous remercie, déclara le fauve, ayant écouté les opinions de plusieurs représentants de chaque genre, race et espèce, grandeur, ordre et grade, selon les principes du pluralisme qui gouvernent notre parlement ; ayant entendu les propositions de la reine des abeilles, de la souris, de l'aigle et du lion ; ayant recueilli le témoignage du koala auquel se sont ajoutés ceux, spontanés, de beaucoup d'entre vous ; je me permets, pour conclure nos travaux et nos débats, d'interpréter la pensée commune et de la synthétiser sous forme d'une unique question : le moment est-il venu de partir en guerre contre l'homme ?

Il tourna les deux fissures de ses yeux vers le lion et l'aigle.

— Sur ce point, les souverains de deux royaumes sont en désaccord, et je ne doute pas que la même différence d'opinions soit partagée par leurs sujets, par les oiseaux suspendus dans le ciel et par les animaux tapis sur la terre, tous animés par un souffle de vie[3], conclut-il avec solennité, en se tournant vers l'hémicycle. C'est pour cette raison que je propose d'en appeler à la plus ancienne et la plus sage des majestés, qui domine le troisième royaume, celui des routes liquides[4], d'où nous sommes tous issus.

Ce fut comme quand on vit, au temps de nos ancêtres, les continents et les îles émerger et se dessiner sous leurs yeux contre le ciel, dans un gargouillement d'écume. Au-delà du croissant blanc de la baie, en haute mer, là où la mer blanchissante[5] se teintait d'or et de pourpre au point de prendre la couleur du vin[6], ce furent les dauphins qui jaillirent les premiers, tels des hérauts. Le long de leur sillage, à fleur d'eau, comme des derviches tourneurs palpitaient les méduses. Des étendards de poissons colorés se prosternaient le long du cortège, lançant des reflets irisés. Finalement, la garde d'honneur des narvals, licornes de la mer, présenta les armes : les épées dégainées sous le soleil déclinant décrivirent au large un immense cercle d'argent. De là s'éleva d'abord un grand jet d'eau, dont les éclaboussures arrivèrent jusqu'à la cime de la montagne, puis, telle une île de calcaire, lente, titanesque, émergea la baleine.

Elle avait le front rugueux, la mandibule de travers, sa queue laissait voir trois coups de harpon sur la nageoire droite[7]. Son chant, comme celui que les hommes attribuaient aux sirènes, s'empara de l'esprit et du cœur de chacun des animaux, et pas seulement de ceux réunis sur les lieux de l'assemblée, mais aussi de ceux qui se trouvaient à des millions de kilomètres de distance. Tous, au même instant, où qu'ils fussent, s'immobilisèrent pour écouter cette vibration qui les pénétrait et résonnait au-dedans d'eux. Chaque prédateur desserrait les dents et laissait choir sa proie. Chaque mouche restait figée dans l'air. Là-haut, dans les montagnes, chaque mulet interrompait son travail, à juste titre pour une fois. Chaque cortège de fourmis, en bas, sur la terre noire[8], s'arrêtait.

Autour des continents, la mer se gonflait, elle se gonflait sans trêve, comme si ses amples marées lui servaient de conscience, comme si la grande âme du monde éprouvait angoisse et remords par la faute du long péché et de la douleur imputables à l'homme[9]. Mais la baleine, qui était la gardienne de l'âme du monde, avait surgi de l'eau, comme un grand mur blanc[10], pour endiguer l'angoisse de la planète. Tous les animaux traduisirent simultanément, chacun dans sa propre langue, les paroles mélodieuses et sévères que chantait l'oracle :

— Que ceux qui servent de fausses idoles et abandonnent l'amour de la nature soient jetés dans l'abysse, au cœur de la mer, que les courants les encerclent, que les ondes passent sur eux, que l'algue s'enroule autour de leur tête. Que la Terre pour toujours barricade ses grilles derrière eux, qu'ils hurlent depuis les profondeurs de l'enfer. Mais s'ils chantent d'une voix poignante, si l'infortune leur sert de leçon et s'ils respectent le vœu qu'ils ont fait à la nature, qu'ils soient sauvés et rejetés sur la Terre[11].

Tous les animaux se plongèrent dans la méditation.

Chapitre 8

QUE FAIRE ?

Le jaguar, l'aigle et le lion firent partie du conseil de guerre. La reine des abeilles s'abstint, rappelée par une des habituelles conjurations de ruche. Les pourparlers furent longs. Il est difficile d'interpréter les oracles : que fallait-il entendre par cette idée de frapper les hommes, mais sans les anéantir ? Jusqu'où fallait-il aller ? Et surtout, comment ? En somme, que faire ?

Le lion dépoussiéra de vieux schémas tactiques, les remettant un tant soit peu au goût du jour : des cirques équestres faisant office de cellules de guérilla, des attaques de bêtes féroces dressées, des incursions dans les villes d'animaux sauvages de la campagne. Le jaguar éleva des objections : les blitz confiés aux bêtes de proie telles que renards, sangliers, loups, ours et même panthères et tigres dans les centres urbains avaient eu un impact lamentable. Les prétendus attaquants avaient été abattus après avoir été repérés par les yeux mécaniques que les hommes substituaient aux yeux véritables, et exposés en guise de trophées sur leurs réseaux de communication. Ou alors, ils s'étaient livrés à la cohabitation comme le peuple des renards, lesquels se promenaient désormais la nuit dans les rues de Londres, non moins flegmatiques que ceux qui les chassaient, coiffés d'un chapeau melon et gantés.

L'aigle préconisait une stratégie aérienne. Les espèces ailées étaient l'un des cauchemars récurrents de l'homme, comme l'avait si bien raconté ce cinéaste anglais[1]. On aurait pu reproduire cette idée sur une grande échelle. Le jaguar éleva de nouvelles objections : certains des éléments les plus polyvalents de sa flotte, à savoir les mouettes, avaient déjà infesté les villes, mais le seul objectif qu'elles s'étaient donné la peine d'atteindre était les décharges d'ordures, qu'elles avaient prises d'assaut, se gorgeant et s'engraissant à force de consommer les déchets empoisonnés des hommes, et s'embusquant au milieu du béton avec encore moins de dignité que les renards.

Certes, s'ils l'avaient voulu, les animaux auraient toujours été en mesure de prendre le contrôle de la planète. Les aigles auraient pu emporter les hommes au ciel dans leurs serres, comme ils l'avaient déjà fait par le passé, et l'humanité se le rappelait encore dans ses mythes[2], reconnaissait le jaguar. Et la force du lion était incomparablement supérieure à celle de l'homme, comme l'avaient si souvent démontré les combats des gladiateurs dans les cirques. *Hic sunt leones*, disaient jadis les hommes pour délimiter les confins de leur monde, au-delà desquels on ne pouvait s'aventurer. Mais les animaux avaient toujours évité l'affrontement des civilisations. La guerre en terrain ouvert n'avait jamais été une de leurs options. Et maintenant ?

— Il y a plus de choses entre le ciel et la terre, jaguar, dit l'aigle, que tu ne peux le concevoir[3].

Les vents de la guerre se levèrent, dans une escalade entre les deux royaumes.

— Nos oiseaux obscurciront le soleil, glatissait l'aigle.

— Tant mieux ! Nos soldats combattront à l'ombre[4], rugissait le lion.

Depuis toujours, il est ardu pour l'humble chroniqueur de décrire le moment où l'histoire est sur le point de s'accomplir. Ce moment survient quand le roi et les généraux eux-mêmes ne sont plus maîtres de leur propre volonté, alors que l'esprit du temps prend le dessus, fait irruption à cheval[5] et envoie promener les pièces de l'échiquier comme un enfant qui joue[6]. Comme les fragments d'un vase jeté à la volée, on vit pleuvoir sur les membres du conseil les phrases privées de forme, les idées privées de pensée, les projets cimentés uniquement par la rage. Sabotage à coups de bec des pylônes et des câbles électriques ; occupation des routes aériennes ; bombardement systématique de guano ; révolte dans les parcs naturels et les réserves pour safaris ; putsch dans les élevages de porcs et proclamation de la République porcine ; insurrections strictement non gandhiennes de vaches indiennes ; libération des abattoirs ; invasion classique de sauterelles, raids de frelons ; mobilisation de légions de moustiques, pluie de grenouilles, pénétration souterraine de termites et de blattes ; *encierro* de taureaux au galop dans les centres-villes ; ratissages destinés à jeter dehors ceux qui se sont barricadés chez eux, confiés à des pelotons de gorilles ; occupation des maisons par des commandos de volailles et de dindes avec des piquets d'oies chargées de veiller aux postes de contrôle ; et pour finir, prise de la Bastille, irruption de la cavalerie, bivouacs autour des fontaines des lieux sacrés.

Mais aucun de ces scénarios et de ces fantasmes tactiques, par le truchement desquels le royaume de la terre et celui du ciel se défiaient de plus en plus hardiment, ne convenait à l'avertissement de la baleine. L'espèce humaine ne devait pas périr, mais se rendre aux enseignements d'un châtiment prolongé.

Il fallait des armes plus subtiles et plus sélectives. Peut-être, déclara le jaguar, convenait-il de reprendre en considération la proposition du roi des souris. Son espèce, comme il l'avait souligné pompeusement au premier chef, se vantait de posséder des millénaires d'expérience dans la propagation de maladies contagieuses capables d'exterminer d'importantes masses d'êtres humains, mais aussi, ce qui pouvait leur convenir, d'en épargner au moins quelques-uns, après les avoir plongés dans un abysse analogue à celui qu'avait chanté la baleine. Certes, la guerre bactériologique ne pouvait être confiée à un peuple de parias, comme l'était celui des souris, même s'il était toujours soumis à l'autorité du lion. C'eût été pour l'aigle un outrage inacceptable.

Mais cela, le roi des souris le savait parfaitement. Il lui parut incroyable d'être appelé à faire partie de cet aréopage. Il lissa ses moustaches et couina :

— Il me semble comprendre qu'il existe un problème entre les oiseaux et les mammifères, un problème diplomatique, si j'ose dire. Ni l'autorité du royaume du ciel ni la souveraineté de celui de la terre ne veulent céder. Et vous n'êtes pas non plus, à ce que je crois deviner, en mesure de trouver la stratégie idoine pour ne pas irriter la baleine.

Il ricana d'un air compassé, découvrant ses longues incisives et se régalant de l'attention que lui accordaient l'aigle et le lion, ainsi que de l'approbation du jaguar.

— Que peut faire l'humble, pour ne pas dire le rampant serviteur de deux souverains aussi nobles ? Comment un simple rongeur peut-il trouver la solution que des esprits aussi élevés ne parviennent pas à voir ? Et pourquoi le devrait-il, alors qu'ils le tiennent en si piètre considération ? Et pourtant, il se trouve justement que l'humble habitant des sous-sols, celui qui propage la peste parmi l'humanité, honni entre toutes les bêtes, est disposé, pour le bien commun, à étouffer son orgueil, à oublier les humiliations et à croire que lorsque tout sera fini, Vos Seigneuries se rappelleront qu'elles ont une dette envers lui, une dette considérable. Et qu'elles s'efforceront de l'honorer.

— Que veux-tu ? tonna le lion que tant d'effronterie impatientait.

— Ton royaume est la terre, Majesté, répondit la souris. De même que celui de l'aigle est le ciel et que la baleine gouverne les océans. Mon domaine est cet endroit obscur où le soleil ne luit jamais. Ce que je demande pour mon peuple, c'est une partie de la terre, une partie du ciel et une partie de la mer. Une zone franche où personne ne pourra contester nos lois, nos affaires et notre manière de vivre. Ni, s'il m'est permis de l'ajouter, notre fromage. Un État des souris ou, mieux encore, une Confédération des rongeurs, rats des champs et rats d'égout, divisée en cantons, si possible sous les tropiques, où aucun émissaire ni commissaire ne pourra jamais entrer.

— Et que nous donneras-tu en échange ? tonna l'aigle, revêche.

À ces mots, la souris fixa ses yeux droit dans ceux des deux souverains, d'abord l'un puis l'autre, et couina :

— L'unique solution qui permet d'unir les ailes de tes volatiles, aigle, au corps des mammifères que tu gouvernes, lion. Rien d'autre, je le dis en toute modestie, qu'une version passable de moi-même, de mon intelligence et de mon savoir-faire.

Sur ces entrefaites, sortant d'un creux au milieu de la roche dans un battement d'ailes noires, on vit arriver la chauve-souris.

— Permettez, dit le roi des souris, que je vous présente une de mes amies, la souris volante.

Chapitre 9

LE RETOUR DU CORBEAU

Il fut parmi les premiers à prendre son vol, non pas parce qu'il avait des messages à porter – pour le moment, l'hésitation de l'assemblée était évidente à tous les animaux de la Terre – mais afin d'éviter la grotesque parade des flottes de chauves-souris qui allaient emplir le ciel sous peu, à mesure que tombait le crépuscule, et que le rouge devenait violet puis couleur de cendre, fournissant un fond approprié à ces mi-mammifères mi-volatiles.

Lorsque le corbeau arriva, après plusieurs jours de traversée, dans le ciel de la petite ville où il vivait, il aperçut comme toujours, dans l'espace au milieu des maisons, le jardin carré, peu touffu, mais entouré de haies noires bien régulières, à peine parsemées de blanc, s'étendant au-dessous de lui selon la trajectoire qui le mènerait tout droit au toit de tuiles antiques sous les pentes duquel il logeait. Il vit sur un banc de marbre un homme âgé et barbu[1]. Paisible, il contemplait le crépuscule. Le corbeau s'arrêta en l'air, battant des ailes : s'il avait traversé le jardin en sens inverse, fendant le ciel de gauche à droite en signe de bon présage, devant les yeux du vieux bonhomme, il aurait trahi son propre rôle de messager. Il tenait à lui donner un avertissement, chose que les corbeaux avaient coutume de faire depuis des millénaires. Malgré son épuisement, il se résigna quand même à faire le tour le plus long, de façon à fendre le ciel de droite à gauche, en signe de malheur irrévocable. Il déboucha au-dessus de la géométrie des haies, alors que le vieux regardait encore en l'air. Il lui passa devant les yeux et attendit l'éclair qu'il croisait dans le regard des augures, ces antiques lecteurs du vol des oiseaux. Rien. Le vieux ne l'avait même pas vu. Que regardait-il donc dans le ciel désert ?

C'est trop tard, se dit-il, les hommes ne savent plus recueillir les présages et ils n'apprendront plus.

Et il répéta à voix haute, tourné vers le vieux, mais se parlant surtout à lui-même :

— Jamais plus[2].

Et il s'envola vers son toit, avant la tombée de la nuit.

Le soleil cheminait vers l'autre hémisphère et, en se faisant place dans l'obscurité du monde, qui se retirait sur son passage comme une mer biblique, il y apportait l'aube. L'Occident devenait Orient et, au-dessus des campagnes de la Chine méridionale, le ciel accueillait l'aurore, laquelle touchait de ses doigts de rose[3] un village de paysans où un petit garçon se rendait au marché avec son père. Il tenait une cage. À l'intérieur, tel un cavalier médiéval dans son armure, un pangolin scrutait avec attention le monde extérieur. Il était plus long que le luth dont jouait le père du petit les jours de fête, mais il s'était pelotonné sur lui-même comme un point d'interrogation et, parmi les écailles brillantes s'ouvrait, perplexe, une bouche semblable à une trompe, ainsi que deux yeux comme des épingles. À cause de sa chair extrêmement délicate – surtout si l'animal était plongé vivant dans l'eau bouillante – et des propriétés aphrodisiaques bien connues de ses écailles, c'était une marchandise rare et interdite. Avec ce que lui rapporterait cette vente, il aurait de quoi manger du riz pendant un mois entier. Le pangolin avait une patte ensanglantée. Le petit garçon n'avait eu aucun mal à l'attraper, encore tout étourdi par la morsure d'une des énormes chauves-souris suceuses de sang qui, par ces nuits de janvier, voltigeaient plus nombreuses qu'à l'accoutumée parmi les toits des cabanes où il vivait, avec des ailes noires qui se déployaient comme un manteau et un masque aux oreilles pointues de superhéros. On aurait dit que le chevalier noir en personne était venu au secours de sa famille et leur avait offert en cadeau cette proie précieuse, sans qu'il y eût besoin de la suffoquer avec de la fumée et de l'assommer à coups de gourdin comme le font d'ordinaire les chasseurs. Croyant déjà entendre la monnaie tinter dans sa poche, le père acheta un porc pour deux yuans[4]. Et dans la petite caravane qui s'avançait entre les bancs rouges de sang, dans le soleil du matin, le porc acheté par le père se serra contre le pangolin mordu par la chauve-souris, capturé par le fils.

DEUXIÈME PARTIE

Chapitre 1

LES ALLIÉS DE L'HOMME

Une antique légende babylonienne raconte que l'homme et la femme, chassés du jardin d'Éden, s'avancèrent entre les formations d'animaux immobiles comme entre les deux ailes d'une armée de statues. Personne n'osa proférer le moindre mot. Tous savaient que le forfait de l'homme et de la femme, cause de leur exil hors du jardin, les avait condamnés à subir pour toujours la loi de la nature : naître, survivre, opprimer, être opprimés, souffrir, mourir. Les deux bipèdes, tête basse, se tenant par la main, sans plumes[1], la peau rose, les flancs couverts de feuilles, se dirigeaient vers les portes du paradis, sous le premier coucher de soleil ténébreux qu'ils voyaient avec des yeux de mortels, devenu de ce fait encore plus beau, poignant et fugace dans son impermanence. Ce fut alors, selon cette légende, que deux quadrupèdes bondirent hors des files silencieuses pour se joindre au couple.

C'étaient le chien et le chat. Ils avaient pris leur décision sans savoir pourquoi. Un fourmillement dans les pattes, le poil qui se dressait, un spasme au fond des viscères, comme à la pleine lune, les avaient poussés sur les traces de ces pieds nus. Ils les suivirent à quelques pas, en fanfaronnant. Le chien agitait la queue sans embarras sous les regards sévères des autres animaux alignés sur l'herbe verte ou sur les branches fleuries. Le chat avait la queue gonflée et droite comme un panache, ce qui donnait une certaine solennité au cortège de cette étrange nouvelle famille qui s'éloignait.

On pourrait, toutefois, se demander quel mal avaient fait l'homme et la femme pour être chassés aussi ignominieusement du jardin ? Sur ce point, les versions diffèrent. Selon une variante du mythe, leur faute avait été de voler le fruit défendu – pomme, figue, grenade ? – de l'arbre de la connaissance. En le mangeant, ils avaient connu le secret du bien et du mal, d'où le châtiment. Mais comment un fruit né de la perfection qui gouvernait alors la nature pouvait-il avoir en lui quelque chose d'interdit ? Et surtout, les espèces animales, y compris l'homme, ne possédaient-elles pas déjà la connaissance ? Ne savaient-elles pas déjà distinguer le bien du mal ? N'avaient-elles pas une mémoire ininterrompue de cette opposition qui gouverne l'univers ? Et comment connaître pouvait-il être une faute ?

Peut-être la tare originelle de l'être humain n'était-elle pas la connaissance, mais, au contraire, l'oubli. Et elle ne venait pas du fruit de l'arbre, mais de l'eau qui ne peut être contenue dans aucun vase[2], d'un fleuve appelé le Léthé, qui courait là, au-dessous d'eux, et auquel la femme et l'homme s'étaient abreuvés. Cela les avait rendus différents des autres animaux qui s'étaient bien gardés de faire une chose pareille, tandis que les deux humains avaient failli à leur instinct.

Il n'y a pas de pire calamité que l'oubli. L'homme, après avoir goûté cette eau, avait perdu la notion de son état. Il avait commencé à se considérer comme un être humain, c'est-à-dire un animal, mais qui n'est pourtant pas un animal. Peu à peu, il avait oublié tout ce que les bêtes sauvages se rappelaient et se rappellent encore du passé abyssal, des ères révolues, des glaciations et des dégels, des déluges et des tremblements de terre, de la récurrence des comètes et de l'explosion des météorites, de l'émersion des terres, de leurs sursauts et de leur façonnement par de continuelles métamorphoses. Il avait perdu la mémoire de l'agrégation et de la coagulation de l'eau, de l'air, de la terre et du feu au sein de composés changeants, à la façon dont le caillé fixe et lie le lait blanc[3], ou en Inde le *ghee* sacré[4]. Il avait oublié le mélange et cette séparation des choses mélangées que chez les êtres humains on appelle naissance.

Dans ses rêves seulement, l'homme aurait pu avoir des fragments de vision des vies précédentes, de l'état de pierre, cristal, larve, insecte, oiseau dans le ciel, tigre dans la forêt, grand arbre en Asie, poisson muet frétillant dans la mer[5]. Mais ayant perdu le souvenir de tous les langages de la nature, de ses règles, de ses manières, de ses interdits, de ses connexions, de ses routes, de ses adresses secrètes, et ne possédant plus ni mémoire ni prescience, il ne connaissait pas les conséquences éloignées de ses actes. Il n'était pas et ne serait plus en état de distinguer le cycle des réincarnations pour en tirer un enseignement. Et il ne pouvait pas non plus et ne pourrait plus – à quelques rares exceptions près – annoncer ni voir ce qui arriverait. Outre le passé, il avait aussi oublié le futur. Capable de se tenir debout et possédant des pouces opposables, ce singe nu[6] était condamné à une activité illusoire et myope de planification et de prévision, qui ne servait rien d'autre que ses désirs momentanés et individuels, coupés de l'unique grande palpitation de désir vers où tend le cycle de la nature, dans lequel chaque chose meurt d'amour pour une autre[7].

Mais le chien et le chat avaient adopté l'homme, même si lui, aujourd'hui encore, croit le contraire et ne comprend pas pourquoi chaque fois qu'il les regarde dans les yeux, il en retire une sensation de paix.

— Tu te rappelles ? dit le regard. Nous étions avec toi, ce jour-là. Tout au long des siècles nous veillerons sur toi, nous te rappellerons ta lignée animale. Tu nous feras dieu égyptien, saint lévrier, frêle prêtresse tigrée. Tes prophètes découperont leur manteau pour ne pas déranger notre sommeil[8]. Nous habiterons tes temples et tes places publiques, nous serons les compagnons de mages et de thaumaturges, nous dormirons parmi tes livres et tes alambics, nous perpétuerons avec toi la miséricordieuse superfluité du jeu. Nous mendierons avec toi le pain au coin des rues, notre effigie campera sur les drapeaux de tes rois et les enseignes des auberges du peuple. Des grandes salles de tes châteaux jusqu'aux angles les plus sombres des foyers de tes chaumières, tu nous entendras haleter et ronronner, tu verras notre regard te suivre.

Même si, à partir de ce moment, l'humanité se mit à éprouver une fringale perpétuelle et impossible à assouvir, qui ne cessait qu'avec la mort[9] – pouvoir après pouvoir, honneur après honneur, richesse après richesse –, le chien et le chat ne renièrent jamais leur choix. Ils savaient que les hommes ne trouvent pas le bonheur dans une condition de paix de l'esprit, ce bien suprême dont parlaient les philosophes de l'Antiquité, mais au contraire dans une inextinguible ruée de convoitise, passant d'un objet à un autre[10]. La conquête du premier ne fait qu'ouvrir la voie au suivant, si bien qu'aveuglés par leur intérêt, ils sont destinés à désirer sans trêve au point de détruire les autres et à la fin de se détruire eux-mêmes. L'âme des animaux est plus heureusement disposée à l'éclosion de la vertu[11]. Contrairement à ce qui se passe chez l'homme, pour l'animal le bien commun n'est pas différent du bien individuel. Poussé par la nature à chercher le bien particulier, il procure le bien universel[12].

Le chien et le chat connaissaient les ténèbres qui enveloppaient le cœur de l'homme depuis le moment où le germe de l'oubli l'obscurcit et l'éloigna des autres animaux, finissant par faire de lui leur oppresseur. Mais maintenant, la décision de l'assemblée, le stratagème de la souris, la peste répandue par la chauve-souris, la calamité, l'état d'urgence, la terreur, avaient acculé l'espèce humaine à faire un choix : se rappeler ou persévérer dans l'ignorance, au risque de se détruire elle-même, mais surtout de détruire aussi la Terre entière. C'était pour cela que Momo et la chatte blanche avaient couru si vite vers leurs maisons.

Chapitre 2

LA GRANDE QUARANTAINE

Soudain, elle ouvrit les yeux. La lumière envahissait la chambre, la matinée était déjà bien avancée. Elle s'étendit de tout son long sur le lit et fit en silence ses étirements. Elle n'entendait aucun bruit, pas plus de petit déjeuner que de circulation. C'est curieux, se dit-elle. Et encore plus curieux[1] que lui, à côté d'elle, fût encore endormi. Il n'aurait pas dû être à l'école ? Elle se leva avec agilité et se tourna vers la fenêtre. L'avenue bordée d'arbres, le long du fleuve, était déserte. Sur les branches des platanes, entre les premiers bourgeons, elle pouvait distinguer avec une parfaite netteté d'innombrables silhouettes de petits oiseaux, et l'insolite variété de leurs chants la confondait. Elle décida qu'elle raisonnerait sans doute mieux le ventre plein et se glissa sans bruit vers la cuisine. Au même instant, elle entendit s'ouvrir la porte de la chambre au grand lit, la plus fraîche en été, et deux chevilles lui barrèrent le passage, deux chevilles qui par rapport à elle semblaient être celles, colossales, d'une statue d'Isis, patronne des chats, si elles ne s'étaient pas déplacées, avec cette gaucherie caractéristique de la démarche humaine, sur le tapis de manucure féline qu'elle préférait. Elle était capable de résister à tout, sauf à la tentation[2]. Par trois fois, elle y enfonça ses griffes et les rentra rapidement, éprouvant le plaisir aigu que le perfectionnisme dispense à ses adeptes. Puis, en un éclair, elle rejoignit la femme.

Le grand écran noir prit vie avant même que ne s'élevât l'odeur du café. Un grondement surexcité réveilla le restant de la maison et en rassembla les trois habitants autour de la table vide, les yeux écarquillés devant les images qui défilaient. La chatte blanche[3] se pelotonna avec adresse sur l'extrême bord du buffet et commença à faire sa toilette d'un air indifférent. Depuis toujours, c'est le truc qu'adoptent les petits félins pour éviter de trahir leurs émotions et passer inaperçus, tandis qu'ils se concentrent avec intensité sur quelque chose en feignant de faire autre chose.

Donc, se dit-elle, elle avait commencé. Au fur et à mesure que le soleil avançait et que dans l'ombre de la maison les images se décomposaient et se recomposaient sur les écrans, grands et petits, des divers appareils que les êtres humains utilisaient pour les transmettre à distance, ayant perdu le don de les communiquer par la pensée comme le font beaucoup d'animaux, dont les chats, quelque chose qui différait de manière imperceptible de l'ordinaire se mit à vibrer autour d'eux comme une auréole. Ce n'était pas la crainte ni la stupeur, comme elle s'y serait attendue. C'était l'euphorie.

Les hommes croient que les animaux sont incapables de déchiffrer leur langage. Il n'en est rien. La chatte blanche comprenait et soupesait chaque parole. Le fils avait du mal à croire qu'il n'irait pas à l'école. La mère avait annoncé qu'elle ne retournerait pas au bureau, mais pourrait travailler de chez elle. L'homme lui adressait des paroles affectueuses. Ses journées ne changeraient pas, mais ils pourraient tous s'offrir au moins deux heures de sommeil en plus tous les matins et le soir regarder la télévision jusqu'à pas d'heure, comme si c'était tous les jours la veille d'un jour de fête. Le plus jeune n'écoutait même pas, accaparé par les tintements, ronflements, tambourinades et grésillements ininterrompus de son portable. Le regard oblique de la chatte surveillait le défilement vertigineux de phrases, photos, links et commentaires disséminés par des émoticônes jaunes.

Quand l'homme revint, surchargé de sacs en papier remplis de denrées, c'était presque l'heure du dîner. Elle en profita pour se glisser sur le balcon et de là gagner la gouttière. Les chats ont deux grandes raisons de fréquenter les toits : avoir une vue aussi ample que possible et recueillir des informations. À ce qu'on dit, chaque chat aurait trois noms[4] : celui avec lequel il vient au monde, celui que lui donnent les êtres humains et un troisième nom, secret. Les deux premiers servent à l'identifier, respectivement parmi ses congénères et dans la société des hommes, le troisième lui sert d'accréditation auprès des autres espèces animales (et même dans certains cas végétales), par exemple les nombreux oiseaux que l'on croise tout en haut des immeubles.

La chatte blanche gagna la tourelle hérissée des antennes rouillées de vieux téléviseurs, allongées et entrecroisées comme des ossements dans un cimetière de fauves, et envahie par les paraboles qui avaient poussé comme de gigantesques champignons dans une forêt pétrifiée. La première chose qu'elle remarqua fut qu'elle n'était pas occupée, comme à l'accoutumée, par la vilaine mouette de garde, cet énorme organisme en pleine mutation, qui ne conservait désormais de l'oiseau marin que le cri disgracieux. Avec le passage des ans, la chatte avait entraîné son ouïe à l'ignorer, afin de ne pas laisser lui échapper les messages de moins en moins nombreux des oiseaux plus petits. Mais elle n'eut pas le temps de se dire autre chose car au-delà du bord de la tourelle sa vision s'élargit.

Du sommet de l'édifice, on dominait la ville presque dans son entier – ce qui n'était pas étranger au choix de se faire dorloter par ses habitants, même si c'était sans engagement de sa part, en conservant sa liberté de mouvement, l'indépendance de son jugement, le droit de sortir pendant des heures sans prévenir et d'ailleurs sans jamais se faire remarquer, particulièrement par ce noyau d'êtres humains plutôt distraits. D'une manière générale, les bruits de la ville montaient jusque-là, à peine atténués, en même temps que les émanations des automobiles qui fourmillaient sur les boulevards le long du fleuve, sur les ponts et jusque dans les rues latérales, se séparant comme une colonne de fourmis, tournant autour des places comme une horde de lombrics, gravissant et dévalant les collines, sans se raréfier, mais en s'épaississant au contraire sur les périphériques et en s'infiltrant dans les faubourgs pour confluer ensuite en partie dans les artères de banlieue. Un unique jet de métal occupait d'habitude la grande ville dans la moindre de ses petites rues. Mais aujourd'hui ce système de circulation était entièrement dégagé. Seuls le souffle du vent et la lumière écarlate du soleil couraient dans ses veines, comme un sang frais et propre.

La chatte remarqua un petit vol d'hirondelles planant depuis le fleuve en direction de son poste, lentes, bien ordonnées, bavardes comme des bonnes sœurs. Lorsqu'elle les salua aimablement et leur demanda quelles nouvelles elles apportaient, ce fut tout un affairement et une succession de pépiements. Les hommes étaient emprisonnés dans leurs maisons, dans tous les quartiers de la ville, annonça l'une. Les bureaux, les écoles, les bars, les magasins étaient fermés, sauf les pharmacies et les magasins d'alimentation et, fort heureusement, les magasins où l'on vendait des aliments pour les animaux. C'était ainsi dans toutes les villes, et pas seulement celles de la région, ajouta une autre, qui l'avait appris d'une mésange charbonnière en transit. Il n'y avait pas besoin de questionner les migrants, lui rétorqua une troisième : dans ce silence, il suffisait d'écouter les signaux des colonies d'oiseaux de branche en branche, de toit en toit, de pylône en pylône, ils avaient commencé à transmettre les informations, nouvelles, ahurissantes, exclusives depuis la Terre entière.

Elles furent interrompues, et cela surprit même la chatte, ce qui arrivait bien rarement, par un bruit s'élevant des balcons des alentours. C'était de la musique. Les hommes, enfermés dans leurs cages, chantaient, exactement comme les oiseaux. Ou, pour mieux dire, comme les oiseaux en cage.

Chapitre 3

IL EN MOURRA DES MILLIERS

Momo, qui ne lisait pourtant jamais les journaux, savait que de graves ennuis se tramaient[1]. Son ouïe paraissait s'être développée de manière exagérée, au point qu'il parvenait non seulement à intercepter les chroniques transmises en temps réel par le halètement de son ami le labrador, à deux rues de distance, comme s'il l'avait sous le museau, mais cueillait aussi les nouvelles en direct par l'entremise de chaque grognement, aboiement, gémissement, glapissement, jappement, grondement, hurlement de tous les chiens, petits et grands, à la musculature forte ou fragile, au poil long ou court, partant du quartier où il vivait jusqu'à Dieu sait où[2]. *Vox canis, vox Dei*[3] : la contagion était là. Mais le premier signe concret de la grande mutation fut, à peine descendu dans la rue, son désir irrépressible, et qu'il ne réprima pas d'ailleurs, d'éternuer. Il émit avec une véhémence insigne et une grande secousse de tout son corps[4] un éternuement fracassant, démoniaque, paniqué, comme ceux dont il était pris quand son maître lui ouvrait toute grande la portière de la voiture, dès leur arrivée à la plage, par une journée de mistral limpide. Puis un autre, et un autre encore, au point qu'il finit par se demander, en s'ébrouant, perplexe, s'il n'allait pas passer le restant de ses jours à éternuer. Mais non, c'était tout simple : l'air était propre parce que les automobiles étaient à l'arrêt. Ce qui expliquait aussi la portée des sons qui pénétraient ses oreilles dressées de chien de berger, dans le silence de la ville.

Il eut le plus grand mal à se reprendre et à se donner un minimum de contenance, si bien que, dès qu'il eut franchi la porte de l'immeuble, il gaspilla maladroitement une grande moitié de ce liquide précieux, généralement rationné à des fins habituelles de conquête du territoire. Avec un peu plus de lucidité, le museau contre le sol, afin de flairer chaque piste à investiguer sur le trottoir, il se dirigea vers la place. On aurait dit un échiquier dont les pièces auraient été conçues par l'esprit dément d'un éleveur anglais, maniaque des croisements. Réparties à intervalles réguliers autour des lampadaires, les rares présences étaient des figures hybrides ressemblant à des centaures, voire à des loups-garous : des couples homme-chien et chien-femme, posant dans leurs cadres, comme les concurrents sans public d'une exposition anthropocanine improvisée. Momo eut l'impression qu'il n'existait plus un seul chien perdu sans collier[5], on aurait presque dit qu'une grande utopie s'était concrétisée. En outre, alors que les chiens, selon leur habitude, s'approchaient autant que possible les uns des autres, l'élément humain se cantonnait à une distance sociale rigide et méfiante, donnant aux effusions des limiers et des bâtards, des lévriers et des bassets, des mâtins et des caniches, le même fil de laisse à retordre.

Et l'on pouvait remarquer que ce n'étaient pas les maîtres qui promenaient leurs chiens, mais le contraire. Un tel renversement des perspectives est bien difficile à décrire. Comme le disait ce Français, on se croit obligé de sortir son chien à midi et le soir pour qu'il fasse ses besoins, mais c'est une grave erreur : ce sont les chiens qui nous invitent deux fois par jour à la méditation[6]. À vrai dire, on ne sait jamais trop, compte tenu des habitudes bien rodées et des itinéraires préétablis unissant hommes et chiens en promenade, qui commande et qui suit. Il s'agit, le plus souvent, d'une entreprise dans laquelle le commandement est réparti de manière très égale : le chien dicte le parcours, l'homme les horaires, mais il peut arriver que l'homme change le trajet par pur caprice ou que le chien revendique, afin de satisfaire à des exigences supérieures, des pauses plus longues. Pour le moment, il était cependant évident que l'équilibre de cet accord vacillait et que le chien s'était arrogé davantage de poids, si bien que l'homme lui avait accordé les pleins pouvoirs. La confirmation arriva au carrefour de la fontaine, lorsqu'il eut un échange rapproché et très loin d'être désagréable avec une border collie, depuis toujours les chiennes les plus fiables en raison de leur indomptable cœur écossais, laquelle lui confia en cette occasion les toutes dernières nouvelles.

À ce qu'il semblait, les seuls humains autorisés à sortir de chez eux étaient les propriétaires de chiens, tenus en tant que tels de présenter aux rondes de policiers leur titre officiel de propriété. On murmurait même – mais peut-être s'agissait-il d'une boutade – qu'on avait déjà vu paraître des tarifs horaires de location de chien, afin de permettre aux crétins qui n'en avaient pas de faire quelques pas dehors. En d'autres termes, protestaient certaines personnes, les chiens étaient les seuls citadins dont on n'avait pas foulé aux pieds les droits constitutionnels, à commencer par le droit de circuler librement. Aussitôt, ces écriteaux humiliants, fixés aux vitrines des magasins, sur lesquels on pouvait voir un chien barré d'une croix et les mots « Je reste dehors », vinrent à l'esprit de Momo et il vit à présent une revanche goguenarde de sa race.

Lorsque l'après-midi toucha à sa fin et que la lumière devint rasante, les notes de l'hymne national s'élevèrent des maisons, suivies de près par des applaudissements. Aux fenêtres et sur les terrasses, des drapeaux étaient déployés. Momo n'en avait jamais vu battre autant, pas même pour les fêtes nationales ou les victoires à la Coupe du monde de football. Quant aux battements de mains, il ne comprit pas sur le coup à qui ils étaient destinés : aux chiens ? Aux maîtres des chiens ? Ou à quelqu'un d'autre qui se trouvait pour le moment dans la rue ? Mais on ne voyait passer, ou plutôt foncer dans un hululement, que les fourgons blancs marqués de la croix rouge, lui lacérant les oreilles qu'il s'efforçait pourtant de baisser le plus possible, et aussi de temps à autre, plus lentes, les camionnettes de la police avec leur gyrophare. À qui étaient destinés les applaudissements partis ce jour-là, que la foule massée à ses fenêtres en fût déjà ou pas encore consciente, Momo allait bientôt le comprendre, hélas.

Dès le lendemain, l'état des choses changea encore plus radicalement. Ce que l'homme appelle son mode de vie, mais que bien souvent il subit comme s'il n'était pas libre de choisir, n'est pour le chien ni un choix ni un esclavage, mais une éducation naturelle. Aucune méthode, aucun exercice humain ne peut égaler le naturel d'un chien lorsqu'il s'agit d'être constamment sur le qui-vive. Qu'est-ce qu'un cours d'histoire, ou de philosophie, ou de poésie, si bien choisi soit-il, que sont les meilleures fréquentations ou la plus admirable façon de vivre, à côté de la discipline consistant à voir toujours ce qui doit être vu, à flairer ce qui doit être flairé, à faire ce qui doit être fait[7] ? L'homme l'avait oublié et le chien, même s'il était avec lui, n'était jamais parvenu à le lui rappeler. Seuls quelques saints ou mystiques avaient eu l'intuition de cette obéissance et, prenant pour modèle le dévouement, l'équilibre et la joie du chien, étaient devenus les amis de leur dieu comme le chien était celui de l'homme.

Momo reprit donc tout depuis le début, sans un soupir pour ses vieilles habitudes perdues[8] : plus de facteur après lequel aboyer, plus de saucisse attrapée au vol dans la main du gentil restaurateur au rez-de-chaussée de la maison, plus aucune de ces parties de football, qui devenaient bien vite des parties de rugby, avant de dégénérer en joyeuses luttes corps à corps, à la sortie de l'école. C'était là une des lacunes les plus inquiétantes. On n'entendait plus les voix des petits jouant au ballon. Et comme si les deux générations, la plus jeune et la plus âgée, s'étaient mises d'accord, on ne voyait plus non plus les anciens esseulés sur leurs bancs. Il y avait encore leurs chiens, mais accompagnés par des silhouettes anonymes, que distinguaient cependant deux particularités. La première était de ne pas ressembler à ceux dont elles tenaient la laisse : tous les chiens, en regardant un de leurs semblables, savent fort bien reconnaître leur maître, en vertu de cette affinité, transmise par symbiose, par empathie, par un mystère sacré chez les deux membres d'un couple s'aimant pour de vrai, ce qui est, entre autres choses et bien souvent plus que toute autre chose, le cas d'un couple chien et maître. La seconde, c'était d'être grosso modo toutes du même âge que l'on aurait pu qualifier de moyen, c'est-à-dire, si l'on s'en tenait aux cabales des charlatans, celui d'un chien de cinq ans, multiplié par sept. C'était comme si les trois âges de l'homme s'étaient réduits à un seul.

À ce propos, on raconte parmi les chiens l'histoire suivante : un jour, le grand chien ailé, accroupi en haut de la colline, posa une devinette au roi boiteux :

— Quel est l'être qui, pourvu d'une seule voix, a d'abord quatre jambes le matin, puis deux jambes à midi et trois jambes le soir[9] ?

Le roi réfléchit, puis répondit, sûr de lui :

— C'est l'homme.

— Pourquoi ? lui demanda alors le chien ailé.

— Parce que petit il avance à quatre pattes, adulte il marche sur ses deux jambes et devenu vieux il s'appuie sur un bâton.

— Mauvaise réponse, décréta l'animal sacré.

Puis, avant de le renvoyer, il lui expliqua :

— L'homme, lorsqu'il avance en âge, ne s'appuie pas sur un bâton, mais sur une laisse, et au bout de cette laisse, il y a le chien.

— Alors, quelle est la bonne réponse ? demanda le roi, en se retournant tandis qu'il s'éloignait clopin-clopant.

Le grand chien élargit en un sourire ses joues de femme.

— Le sage. Qui sait se transformer de bête en homme, et devenu homme, s'unir aux bêtes.

À présent, à en juger par une reconnaissance dans le parc, le troisième âge semblait avoir été séparé de sa partie animale. En explorant les rues des alentours, il vit deux vieux descendre un basset par la fenêtre, juste le temps qu'il fasse ses besoins dans la cour, puis le remonter au bout de son harnais. Il en fut à la fois rassuré et stupéfait, non pas à cause de l'adaptabilité plus que prouvée du chien à toutes les demandes, conditions ou exigences les plus inimaginables de l'homme, mais à cause de la rapidité avec laquelle l'absurde était devenu la norme. Peu après commencèrent les pleurs. Beaucoup de ces chiens – il les connaissait individuellement – avaient vu pour la dernière fois les traits de leurs maîtres se dessiner et disparaître sous les lumières clignotantes des ambulances. Et comme chaque chien perçoit très exactement comment se porte son maître, chacun d'eux savait bien à ce moment-là que sa vie était en danger.

Momo aussi était inquiet pour Lui, son maître. Cela faisait désormais deux jours qu'il n'avait pas reparu. Il était habitué à ses absences : les urgences faisaient partie de son travail, raison pour laquelle il laissait toujours entrouverte la porte de la cour, afin que Momo pût entrer et sortir à sa guise. Il s'agissait entre eux d'un *gentlemen's agreement*, un accord réciproque. Mais cette fois, Momo attendait son retour avec un désir, un tourment, un désespoir, encore plus grands que ceux qu'éprouve toujours un chien quand son maître n'est pas là.

Bien des gens ont cherché à décrire le bonheur du chien quand son maître rentre à la maison, peu importe si c'est au bout d'un mois, d'un jour ou d'une heure, si c'est après être sorti faire une course ou après être parti à l'autre bout du monde. Si l'on n'est pas un chien, on ne peut pas le comprendre et encore moins le raconter. C'est comme si chaque fois l'absence devait durer toujours, et chaque fois s'accomplissait le prodige printanier de la résurrection. « Tout doux, tout doux ! Tu ne trouves pas que le monde est devenu parfait en ce moment[10] ? » Voilà ce qu'une voix intérieure paraît murmurer à l'oreille du chien lorsqu'il reconnaît la respiration et le pas bien connu qui se rapprochent, le tintement des clefs, le cliquetis de la serrure, la porte qui s'ouvre et lorsqu'il le voit enfin, Lui, son maître, pareil aux dieux, s'accroupir devant lui pour écouter de tout près son gémissement. Sa voix sonne avec douceur et son sourire le fait brûler d'amour, lui fait presque éclater le cœur dans la poitrine[11]. Puis le chien, semblable à un navire au mouillage dans la plus paisible des baies, repose auprès de Lui comme auprès d'une terre ferme, fidèle et confiant, en attendant d'être lié à Lui par des fils invisibles. Oh, quel bonheur ! Quelle félicité ! Peut-être as-tu envie de chanter, mon âme[12] ?

Tout aussi ineffable fut la jubilation de Momo lorsqu'en rentrant chez lui il vit que son maître était là, chez eux. Il était assis silencieux sur le canapé, les yeux fixés sur les images du journal télévisé. Momo, on l'a déjà dit, n'avait pas besoin d'un journal, même télévisé, pour savoir dans quel pétrin la race humaine se trouvait et à quel point son maître y était directement mêlé. Il se résigna donc pour quelque temps à une ration minimale de petites tapes et grattouilles et à une réaction encore plus molle à ses virevoltes, à ses cabrioles et aux halètements de sa rumba, rythmés par les coups de cravache de sa queue. Après s'être mis le ventre en l'air et avoir attendu en vain le rite de la chatouille, il venait tout juste de se lover au pied du canapé, les pattes croisées sous le museau et tentait de se distraire en suivant sous ses paupières à demi fermées les zigzags incohérents d'une grosse mouche anxieuse, à ce qu'il semblait, d'aller porter les nouvelles dans le royaume de ses semblables, lorsque le maître se leva brusquement en entendant sonner son portable et parla à son interlocuteur d'un ton sec, durcissant le discours par des paroles difficiles que Momo n'aurait pas su répéter, mais dans lesquelles il reconnaissait les termes techniques de son métier, qu'il écoutait et oubliait chaque fois. Mais, le cœur serré, il comprit très bien les deux remarques par lesquelles son maître conclut la conversation :

— Parmi nos effectifs, dans le monde entier, des milliers de gens vont mourir.

Et ensuite sur un ton presque ironique :

— Comment ça, des héros, c'est notre métier.

Et Momo se rappela alors ce qu'on dit toujours : aucun chien ne devrait survivre à son maître.

Chapitre 4

AVRIL, LE MOIS LE PLUS CRUEL

L'exode des mouettes avait été retentissant, majestueux, grincheux, précédé d'intenses concertations et de vertigineuses évolutions. Maintenant, il était célébré non seulement par le roucoulement continu des pigeons, mais aussi par les pépiements de plus en plus sonores des moineaux et des rouges-gorges, par les virulents coups de sifflet des perruches et par les trilles des chardonnerets élégants et des fauvettes à tête noire tout le long du fleuve, devant les fenêtres de la maison, comme put le constater, ce matin-là aussi, en s'installant à son poste, la chatte blanche. La journée était belle, une de ces journées qu'on appelait dans l'ancien temps jours des alcyons, d'après le nom de certains oiseaux de mer, ancêtres aujourd'hui disparus du martin-pêcheur, lesquels, par une loi de la nature, apportaient lorsqu'ils nichaient des journées que l'on pouvait distinguer de toutes les autres par leur netteté. Ces jours-là, du ciel aussi transparent qu'un miroir[1] se détachait un chagrin semblable aux notes pleines de tristesse et de larmes qu'émettaient les alcyons[2].

Avril est le mois le plus cruel, il confond mémoire et désir[3]. Par le passé, le printemps était la saison des campagnes militaires. La ville silencieuse et déserte faisait penser aux champs fleuris de certaines batailles antiques. La chatte, de sa fenêtre, fouillait le terrain, puis elle se remettait à écouter les paroles des humains, s'étendant avec nonchalance dans les recoins les plus doux de leurs chambres. Ils s'étonnaient de voir que l'herbe poussait parmi les pavés des centres historiques, leur donnant l'aspect de grandes prairies ; on aurait dit que leurs édifices, églises, immeubles, monuments, fontaines, statues avaient été soulevés par des mains invisibles et que l'on avait déroulé au-dessous d'eux un tapis de verdure. Le règne végétal coopérait en fait avec alacrité, comme le veut la nature, avec le règne animal, il enveloppait dans des sarments de lierre les bicyclettes que l'on avait laissées appuyées à des piquets, il formait des parterres spontanés autour des voitures garées, désormais interdites pendant un mois entier, remplaçant avec zèle les lignes peintes dans les parkings payants. Des fissures dans les bornes de pierre sortaient des violettes et des marguerites ; sur les bords des routes, entre la menthe et les orties, fleurissaient les myosotis, qu'on appelle aussi « ne-m'oubliez-pas ».

Ne nous oublie pas, semblaient dire les plantes à l'homme. Et les hommes, bâillonnés, contraints à ne faire que quelques pas précipités dans les rues vides où se succédaient en vain les reflets verts et rouges des feux de signalisation, contemplaient l'antique renouveau du printemps et l'immortalisaient dans les galeries photo de leurs portables, comme s'il s'agissait de quelque chose d'exceptionnel et d'ahurissant. Quelqu'un avait dit, se rappelait la chatte, que la proximité de la mort intensifie le sentiment de la vie chez les êtres humains qui paraissaient l'avoir oublié, contaminés par le germe de l'oubli, captifs de leurs affaires aveugles et inéluctables. Maintenant, harcelés par une autre contagion, isolés au milieu de leur société, talonnés par le constant traquenard de la mort qui domine la vie des bêtes, ils observaient en frémissant l'épiphanie de la nature, comme à l'aube des temps.

Ils regardaient, mais sans le voir, ce que rencontrait au contraire le regard de la chatte blanche, parce qu'ils n'étaient plus habitués à distinguer autre chose que ce qu'ils avaient sous les yeux et que le don de la vision ne subsistait que chez très peu d'êtres humains, alors que tous les animaux l'ont conservé, par exemple le hibou ou la chouette, ou bien le cheval blanc, ou les rennes inquiets, ou les clairvoyants éléphants, sans parler des pouvoirs des cerfs. Ce dont la chatte blanche, une nuit où elle se promenait, eut la confirmation.

La gorge serrée par la peur, dans la ville sombre et déserte, le père de famille devenu voleur attendait, en embuscade, le premier passant. Au lieu de quoi ce fut un cerf qui s'arrêta devant lui, sans crainte, les yeux calmes et doux.

— Prends-moi, dit-il, tue-moi, vends-moi et tu auras de quoi nourrir ta famille.

Et le voleur, sur le point de plonger son couteau, immobilisa sa main juste avant de ne plus la reconnaître, dans la clarté soudaine que dégageait non pas la lame, mais un croissant de lune venu se coucher entre les deux grandes cornes de l'animal[4]. Et tandis que celles-ci, comme les ciseaux d'un tailleur, le libéraient de ses vêtements, celui qui n'était plus désormais ni homme ni voleur lança un brame de joie et courut le premier devant son nouveau compagnon qui lui murmurait :

— Il faut avoir du courage et épouvanter ce qui t'épouvante[5].

Chez eux, l'homme, la femme et le petit garçon passaient leur temps devant les dispositifs allumés qui crépitaient d'informations. La chatte blanche agitait une queue nerveuse en entendant certaines d'entre elles. Les grands oiseaux mécaniques restaient immobiles sur les pistes des aéroports, alignés en rang comme des poulets de batterie, et l'on clamait qu'ils allaient être démolis. Pour la première fois en Chine, des chiens et des chats avaient été exclus de la liste officielle des animaux comestibles. Un chef d'État ayant d'abord nié le danger de la contagion avait été hospitalisé dans un service de réanimation après avoir contracté le virus. Le trente-neuvième congrès international des balayeurs de rue avait été annulé.

Les lieux de culte étaient vides, basiliques, synagogues, mosquées, sanctuaires hindouistes et jaïnistes, bouddhistes et shintoïstes, zoroastriens et rastafariens, tous étaient fermés. Les grands prêtres de chaque religion ou culte paraissaient dire à l'homme : *vade retro*, arrière, nous ne pouvons pas t'aider. Mais, privés de leur église, beaucoup de gens se tournaient vers la nature en guise de temple[6] et, dans leurs méditations, attribuaient le virus à une faute de l'homme, comme on l'avait presque toujours fait par le passé. Pour la première fois, cependant, tout le monde avait l'air d'accord, chose plutôt rare dès qu'il s'agit de religion, pour dire qu'on avait attenté à la nature sacrée de la Terre et commis un sacrilège contre les animaux, si bien que la contagion était due aux causes mêmes qui provoquaient leur extinction. Sur un mur était apparu ce message : « Le virus est le vaccin et nous sommes le virus de la nature. »

Pour le reste, tout se déroulait selon les prévisions raisonnables de la chatte blanche. Dans les fleuves, les canaux et les lagunes, les poissons arrivaient en masse, et les cygnes allongeaient le cou pour regarder le spectacle des rues et des places désertes. En mer, aux embarcadères des bacs, les dauphins n'avaient pas résisté à l'envie de venir jouer les curieux. Les faons avaient vaincu leur timidité et exerçaient leurs petites pattes graciles en s'aventurant sur les escaliers des maisons barricadées dans les villages. Un chevreuil exultait au milieu des vagues qui se brisaient sur les grèves solitaires. Les animaux qui, à la différence des chats, avaient eu jusqu'à présent peur de l'homme – et la chatte blanche ne pouvait pas nier que c'était à juste titre – se présentaient désormais sur son territoire à l'abandon, comme dans une ville vidée de sa population à la fin d'une guerre. Seulement, cette fois, la guerre commençait à peine.

Chapitre 5

LES MÈRES

Maman Cane[1], nerveuse comme toujours, se dépêchait de traverser le passage piétonnier, cancanant des réprimandes à son cortège de canetons qui, malgré ce sévère apprentissage, s'amusaient à sortir du rang pour allonger leurs petites pattes palmées sur le noir du macadam.

— File indienne ! nasillait-elle, tournant le bec à droite et à gauche.

La progéniture des canards ne devait surtout pas paraître inférieure aux autres bêtes à plumes dans l'observance disciplinée des géométries urbaines, dans cette conformité à l'empreinte, qui incite chaque animal à respecter les limites, les confins, les parcours. Il y avait eu de sérieuses rivalités entre les espèces au cours de ces deux mois. Mais les traversées des passages piétonniers étaient désormais l'apanage solidement acquis des anatidés – une anatidopole concrète et réelle –

de même que celles des nationales et des départementales étaient l'apanage des ours ou, pour mieux dire, des ourses, car en cette saison l'expansion territoriale se faisait entièrement au féminin, et les adultes étaient toujours suivies de leur nichée, ou portée, qui pour la première fois depuis des siècles s'habituait à marcher sur le revêtement des routes réservées aux êtres humains, interdites à leurs parents et grands-parents. Les laies, elles aussi, se donnaient du mal pour tenir à l'œil leurs marcassins qui trottaient sur les routes vides et allaient faire les curieux sous les arcades, de même que les renardeaux aux yeux brillants et les familles de hérissons se déplaçant de leur pas lent. Sans parler des brebis et des chèvres qui, avec l'impunité des troupeaux, escaladaient les murs et les clôtures et se répandaient partout, suivies de bandes de chevreaux et d'agneaux, envahissant les villages et les périphéries, bouleversant quant à eux la répartition méthodique et bureaucratique des espaces que les mammifères, les reptiles et les volatiles s'étaient tacitement assignés.

La vérité, songeait Maman Cane, tout en se décidant, impatientée, à retourner en arrière de trois rayures afin de donner quelques coups de bec bien envoyés (cela dit, il n'y avait aucun danger à s'attarder : la rue était vide à perte de vue), c'était que la vanité s'était insinuée entre les soi-disant animaux des villes, en réalité des campagnards urbanisés, des provinciaux intimidés. La province existe jusque dans les métropoles, parce que ce n'est pas dans la géographie qu'elle se situe, c'est dans l'âme[2]. Et si elle existe dans l'âme, elle ne peut pas ne pas exister, par définition, parmi les animaux. Prenons ces parvenues par excellence – se disait Maman Cane, qui avait enfin réussi à remettre ses petits en rang, comme sur la couverture du disque de ces musiciens au nom d'insectes[3] – les mouettes des villes. Elles sont venues ici chercher fortune, c'est chose faite, mais regardez-les donc au crépuscule, lorsqu'elles se retrouvent pour boire aux fontaines monumentales, comme dans n'importe quel troquet de village, dans l'espoir de finir sur la photo d'un touriste. Illusions jamais perdues, vains exercices, surtout si l'on considérait l'exiguïté du public humain actuellement présent.

Lequel était, par-dessus le marché, constitué en majeure partie – si l'on pouvait s'exprimer ainsi, dans ce désert – de coureurs à pied, cyclistes, marathoniens ou autres marcheurs qui regardaient droit devant eux, les yeux perdus dans le vide, les oreilles mises sous scellés par des écouteurs reliés à des fils grâce auxquels, fort probablement, ils s'évadaient encore plus du monde qui les entourait. Les volatiles, canards en tête, savent où aller, respectent les lois et les règles affectées à cette partie de l'univers[4]. Tandis que ces navigateurs du vide les ignoraient, tout comme ils s'ignoraient les uns les autres, concentrés sur leur habituelle et vaine course contre la montre, au point de ne même pas se rendre compte que, pour une fois, la montre s'était arrêtée pour les attendre. Voilà ce que se disait Maman Cane, non sans un tantinet d'envie pour ces pieds rapides.

Mais, heureusement, elle atteignait le fleuve. Les canetons, ayant traversé jusqu'à la rive, au-delà du trottoir, se précipitèrent vers le bas, sautillant en désordre le long des marches qui descendaient depuis l'ombre des platanes et se jetèrent à l'eau sans hésitation, comme le font souvent les petits enfants, à un endroit à l'écart des courants, restant tout près de la rive et jouant entre eux. Maman Cane, de son œil de professionnelle, les compta, les suivit, les dépassa et se mit finalement à nager dans l'eau de plus en plus limpide avec le passage des semaines, prenant un peu de temps pour elle-même, pour son entraînement quotidien, pour la satisfaction toute féminine de n'être pas seulement une mère. Sa pensée s'en fut vers les mères humaines, enfermées chez elles jour et nuit au cours de ces mois de quarantaine, prises d'assaut par leurs petits, chargées du devoir de coordonner sans trêve ni dérogation les nécessités interminables et usantes de leurs existences encore fragiles, de discipliner chaque abus, caprice, colère que ces temps si tristes causaient forcément à une âme d'enfant. Laquelle a peur de l'obscurité, parce que dans le noir on y voit, ou on croit y voir ; laquelle à la lumière rêve ou croit rêver, en se rappelant des choses qu'elle n'a jamais vues ; laquelle parle aux animaux, aux arbres, aux pierres, aux nuages, aux étoiles ; laquelle peuple l'ombre de fantômes et le ciel de dieux[5].

Elle est grande, la beauté de la cane, lorsqu'elle nage au fil du courant, ou à contre-courant, ou qu'elle s'abandonne au vertige d'un tourbillon, ou qu'elle plonge sa tête d'émeraude dans le cercle formé par le frétillement d'un poisson, les plumes luisantes, à peine entrouvertes. Qu'elle est donc évidente, sa grâce, tandis qu'elle glisse légère sur l'eau du fleuve, cette grâce qui avance, toujours égale à elle-même, mais qui n'est jamais la même[6], tant elle est cachée quand cette souveraine de l'azur marche hors de l'eau, en traînant, avec une maladresse qu'on pourrait trouver ridicule, ses pattes palmées[7]. Si belle dans son élément, mais exilée sur la terre ferme, elle fait penser à certaines femmes accablées par l'existence et exposées aux moqueries des autres, qui renaissent cependant, comme des phénix, quand soudain, à la faveur d'une mélodie qui s'élève, elles se mettent à danser et, transportées par le flux de la musique, révèlent leur beauté secrète et un accord avec la nature que seuls les esprits élus savent découvrir au-delà des apparences. On raconte qu'un rhéteur[8], en regardant évoluer à Antioche une danseuse de rue, avoua qu'il aurait aimé réincarner en elle son âme de sage. On raconte qu'une femme de lettres anglaise[9] aurait volontiers renoncé à son excellente connaissance du grec ancien pour savoir danser le fox-trot. On sait fort bien qu'une jeune fille pauvre et orpheline[10] sut conquérir le cœur d'un prince en dansant avec des chaussures de vair.

Maman Cane dansait, décrivant d'amples et sinueuses trajectoires à la surface de l'eau limpide. Abandonnant le reflet éblouissant de l'après-midi, elle s'enfonça dans la zone d'ombre du grand pont, dont les arches surmontaient le courant qui se fracassait au-dessous, à la croisée d'un haut-fond de grandes pierres visqueuses. Ce fut là, dans la fraîcheur où les algues s'entrelaçaient aux pâles corolles printanières poussées entre l'herbe et la mousse, comme dans un sépulcral pré fleuri, qu'elle vit une femme allongée. Sa silhouette blanche, à demi submergée entre les rochers, flottait comme un grand lys[11]. Sur la grève, tout près de là, on pouvait voir des objets épars, tombés d'en haut comme une pluie ; d'autres surnageaient dans le courant. Ses longs cheveux roux cachaient à peine son sein nu, gonflé comme celui d'une femme qui allaite. Dans la nature tout entière, au-delà des espèces, une mère reconnaît une autre mère. Sur le visage terreux, marqué par des cernes, dans les bras livides, dans tout ce qui émergeait du corps, on pouvait lire l'épuisement de la femme qui doit nourrir ses petits, mais n'a même pas de quoi ne pas mourir de faim elle-même. Peut-être, se dit Maman Cane en accélérant son allure à coups de patte, s'était-elle laissée tomber du pont.

Lorsqu'elle fut plus près, elle put s'assurer avec soulagement qu'elle n'était ni morte ni, selon toute apparence, blessée. Ses yeux fixaient la profondeur du fleuve. Quand elle les leva pour regarder la cane, il se passa quelque chose dont des générations de palmipèdes n'avaient jamais fait l'expérience. La femme émit un chant tout à la fois doux et funèbre, comme une chanson tzigane ou une berceuse. Il y était question de jardins et de fontaines, de paroles antiques, et du temps qui passe, du monde qui tourne et de l'amour, l'unique force qui ne change pas. Ce chant soudain attira vers elle les femelles de toutes les espèces qui habitaient le fleuve et ses rives. Carpes et gardons, poules d'eau et papillons, anguilles et libellules, couleuvres et rainettes, frappées par les rayons du soleil, faisaient verdir autour d'elle l'air et l'eau.

Sous les yeux de ce cortège de choristes, enveloppée dans un nuage vibrant, la femme se souleva mollement du rocher, puis avec une vigueur inattendue, elle plongea. Le fleuve se referma sur elle et toutes les créatures restèrent, le souffle suspendu, à regarder les cercles qui s'agrandissaient à l'endroit où elle s'était engloutie. Jusqu'au moment où l'eau, après s'être mise à tournoyer comme le fuseau d'Ananké, laissa sortir une gigantesque queue de poisson qui tordait ses écailles de jade et de turquoise, pour ensuite replonger et laisser affleurer le buste nu aux seins gonflés sur lesquels les cheveux se collaient comme des algues rouges.

La cane plongea la tête, suivant la sirène. On dit que les sirènes ne dansent pas, et les canes encore moins. En réalité, elles dansent, mais seuls les yeux du poisson, ou du triton, ou du noyé, ou d'un autre habitant des fonds marins ont l'occasion de le voir. Car rien ne paraît à la surface de ces évolutions aquatiques synchronisées. Comme dans les danses russes, ou grecques, ou balkaniques, seule la partie inférieure du corps exécute le mouvement. Ainsi l'une, le buste droit, se déplaçait vers l'avant en se ployant au rythme des poussées de la queue bleu et vert. L'autre, le cou tendu, allongeait derrière elle ses pattes orange selon le même flux, qui était celui du courant et de la musique. Et ensemble, elles glissaient harmonieuses sous et sur la surface de l'eau, vers l'embouchure du fleuve et la haute mer : oiseau, femme, poisson. Et personne n'aurait pu dire laquelle de leurs natures ne se trouvait pas dans son règne.

Chapitre 6

C'ÉTAIT AU MOIS DE MAI

C'était au mois de mai et les cerises rouges tombaient par grappes. L'air était frais, les jardins sentaient la rose à cent pas. Le temps passait, le monde tournait, mais la plaie de la contagion coulait toujours, de même que l'eau dans la fontaine[1] de l'oubli à laquelle l'être humain avait bu jadis à grandes gorgées.

La chatte blanche sortit de chez elle plus tôt que d'habitude. Elle souffrait de rester avec les hommes. Cela faisait déjà pas mal de temps qu'avait disparu la chaleur qu'elle avait d'abord sentie vibrer autour d'eux et de leurs voisins, tandis qu'ils se parlaient d'un balcon à l'autre et accrochaient des écriteaux multicolores, semblables aux draperies sacrées qui éloignent la mort, les jours des processions de printemps. Cette aura d'énergie dorée, flamboyante, s'était transformée en un froid halo de noirceur, qui soulignait les silhouettes immobiles des trois habitants de la maison et les séparait les unes des autres, enfermées dans leurs coquilles de solitude et d'angoisse comme les personnages sacrés des icônes byzantines dans leurs mandorles, tandis que tout autour les ambulances et les patrouilles de police passaient en clignotant et hululant.

Selon un philosophe français, tous les problèmes de l'homme naissent de ce qu'il ne parvient pas à demeurer en repos dans une chambre[2]. Maintenant, la quarantaine obligeait les gens à le faire. C'était un bien, au fond, parce que cela leur donnait la possibilité de s'arrêter et de réfléchir au fait que notre monde est né comme un être vivant unique, doué d'âme et d'intelligence[3], et que sous le voile des apparences, chaque vie humaine n'est rien d'autre qu'un bref songe de l'esprit infini de la nature[4], se disait la chatte blanche tout en s'engageant dans le belvédère archéologique sans croiser un chat, littéralement, ni même un chien. Et pourtant, au cours de cette période, les chiens étaient tous dans la rue, avec leurs maîtres. Momo lui vint en tête et elle se demanda si lui aussi, là où il vivait, était continuellement traîné dehors pour permettre à un humain, quel qu'il fût, de se dégourdir les jambes. Mais la mort avait désormais désuni les genoux[5] à trop de monde et ceux qui restaient n'avaient plus la force ou le courage, à ce qu'on aurait dit, du moins en ce maudit début d'après-midi, de faire ne fût-ce qu'un seul pas.

La chatte, fronçant imperceptiblement les narines pour flairer l'air, se glissa par la chatière qui s'ouvrait entre deux vilaines colonnes de marbre entourées d'orties, et s'apprêta à entreprendre le parcours accidenté qui menait à l'antique cloaque, en passant par des ruines souterraines, déjà agacée à la perspective du méticuleux toilettage personnel qu'elle serait bien obligée d'entreprendre à son retour. Elle partait à la chasse aux souris. Ou plus exactement, au roi de celles-ci.

Depuis de nombreuses semaines à présent, depuis le moment où l'on avait autorisé l'opération qu'il avait imaginée et que son compère volant avait mise en œuvre, le petit souverain s'était lancé dans une tournée triomphale des sous-sols de toutes les capitales, et maintenant il venait d'arriver en ville. Les signes de sa présence étaient partout. Un mouvement frénétique de pelotons, d'escadrons et de groupes armés peu recommandables innervait les ruines du forum. Les ronces qui cachaient en partie le trou donnant accès au conduit souterrain grouillaient de patrouilles et de drapeaux, et des délégations de tous les quartiers venaient prendre les ordres et faire leur rapport. Des officiers de réserve et des sapeurs organisaient les tribunes et les échafaudages pour l'imminente parade nocturne et le discours du chef. La proclamation d'indépendance et la fondation de l'État autonome des souris, zone franche où l'on pourrait faire croître le bien-être de leur peuple, en même temps, bien sûr, que les affaires des chefs de ce peuple, n'étaient plus qu'une question de jours sinon d'heures. Les superpuissances de l'air, des eaux et de la terre devaient tenir leur engagement et ainsi les rongeurs auraient, eux aussi, leur royaume au soleil. Grande était la confusion sous le ciel et la situation était de ce fait excellente[6].

Mais en attendant, les souris continuaient à prendre leurs quartiers là où le soleil ne brillait pas. Ayant adapté ses yeux à l'obscurité, comme son espèce sait le faire en très peu de temps, la chatte blanche vit les premiers piquets de garde. Un groupe de rats des rues, adossés aux ruines de tuf rouge à l'entrée du quartier général, contrôlait le territoire et signalait les allées et venues suspectes au poste de contrôle de ce seuil incertain, le monde du milieu grisâtre, où la silhouette immaculée de la chatte avançait à présent avec l'énergie contenue d'un maître des arts martiaux.

Sa présence fut aussitôt remarquée. Ils la regardaient en silence, mais à leur manière, ni plus ni moins que si elle avait été une pierre ou un arbre mort[7]. Elle continua son chemin, sûre qu'elle allait bientôt rencontrer le chef du territoire. Au bout de quelques pas, le terreau, à mesure que la pente s'accentuait, devint fangeux, et l'obscurité grandit, n'étant plus éclairée que par intermittence, quand des lames de lumière filtraient à travers les fissures entre les briques. Elle ravala son dégoût, concentrant tout son odorat sur les possibles dangers. Et soudain elle les sentit.

— Tant va la chatte à la fange qu'à la fin, elle salit ses petites pattes, couina, railleuse, la voix du dirigeant, dans le noir constellé d'une douzaine d'yeux rouges : sa batterie de campagne.

— Quand on naît chatte, on prend les souris dans le noir, répliqua-t-elle en avançant, imperturbable.

— La nuit, toutes les chattes sont grises, ricana la silhouette corpulente qui, vue de près, parut être, aux yeux de la chatte blanche, celle d'un rat au pelage visqueux, balafré de cicatrices de guerre.

— Qui rit trop a la nature d'un rat, mais qui ne rit pas est de la race des chats, souffla-t-elle, et soudain, elle ajouta, avec un sourire : Je viens présenter mes hommages au chef des chefs.

— Penses-tu que tu serais encore vivante, si nous ne le savions pas ? Le roi t'attend.

Le détachement du félin est inatteignable, son aisance inattaquable, son indifférence inexpugnable – jusqu'à présent – face aux créatures vivantes. Il est rare qu'il se laisse impressionner par quoi que ce soit et d'autant moins si ce quoi que ce soit a l'aspect d'un rongeur. Mais lorsque la chatte blanche, précédée par le chef du territoire, et escortée, pour ne pas dire serrée de près, par ses sbires, s'engagea dans le troisième cercle, encore plus étroit et escarpé que les deux précédents, elle dut mobiliser toute sa maîtrise de soi pour ne pas faire le dos rond et hérisser son poil. Ses délicates pattes roses n'étaient plus plongées dans la fange, mais foulaient avec difficulté une multitude de corps entassés, qui pullulaient, tressaillaient, criaillaient, pavant la route en direction de la salle de commandement. Non seulement au-dessous d'elle, mais aussi au-dessus et sur les côtés : le tunnel était un conduit qui s'introduisait dans les cavités palpitantes d'un unique organisme fait de queues et de dents, de peaux visqueuses et de poils hirsutes, de souffles et de couinements, et il se contorsionnait en un spasme qui faisait penser à celui des intestins, dont il avait l'odeur fétide, ou à celui, assez voisin, des pensées d'un obsédé. Elle comprit la peur que l'homme avait des souris, comme l'avait bien deviné le médecin viennois qui, partant de l'une et des autres, avait ouvert la boîte de Pandore de ce que les hommes appelaient névroses[8].

Finalement, l'immense voûte rompue de la salle du trône s'ouvrit au-dessus d'eux, saint des saints des souris, bunker des rats, crypte des surmulots. Un clapotis indiqua aux oreilles de la chatte blanche que la garde prétorienne s'était massée dans le conduit inondé au-delà duquel s'élevait le siège suprême. Cette fois-ci, des milliers d'yeux rouges étaient fixés sur elle. Elle avança de quelques pas jusqu'au bord de ce Styx d'eaux usées, dense et sans reflet, puis elle plongea ses pupilles dilatées dans le regard du roi, reconnaissable entre tous.

— Tu es venue pour me manger ? fut la question sarcastique par laquelle il l'accueillit, aussitôt suivie d'un crépitement enchanté de couinements, éveillant des échos sinistres sous la sombre coupole.

— Non – et elle fronça les narines –, pour négocier.

— On peut négocier sur tout dans les égouts[9], ricana-t-il en haussant ses moustaches.

— Sur ta stratégie. La contagion est allée trop loin.

— C'est l'homme qui t'envoie me dire ça ?

Et elle de répondre, froissée :

— Un chat ne parle jamais au nom de quelqu'un d'autre.

Elle miaula en agitant la queue.

— Et pour ce qui est des hommes, ils luttent contre la mort. Ceux qui ne meurent pas, c'est comme s'ils étaient morts, ils sont fichus, transis de terreur, réduits à néant par les horreurs qui, comme des eaux, les entourent toute la journée et en même temps les aveuglent. Loin de leurs amis et connaissances, seules les ténèbres leur tiennent compagnie[10]. Mais il y en a qui commencent à apprendre, exactement comme le souhaitait la baleine. C'est pour cette raison – et elle leva les yeux, défiant la nébuleuse de regards qui la fixaient dans l'hémicycle, comme une voûte céleste ensanglantée – que cette guerre doit se terminer.

Le roi des souris garda le silence, soupesant ces dernières paroles, puis il siffla :

— Ma très chère ennemie féline, toi qui, de même que tes semblables, considères que les rongeurs n'ont à se mêler de rien, dois-je croire qu'un de nous peut-être a touché à un cheveu de l'homme ? Nous sommes des souris d'honneur et nous avons honoré un contrat. Vous vouliez une guerre et nous l'avons inaugurée. Arrêter la contagion ? Comme d'habitude, c'est l'homme qu'on ne peut pas arrêter.

D'un geste insouciant de ses griffes, il fit comprendre à la chatte qu'il la congédiait, tout en laissant entrer le peloton de surmulots en justaucorps et culottes bouffantes pour essayer la minuscule couronne de cérémonie. Mais elle n'était pas descendue jusque-là, au péril de sa vie, sans parler de la blancheur de sa robe, pour se faire prendre de haut. Elle agit d'instinct, même s'il faudra bien, un jour, que quelqu'un révèle au monde comment il se fait qu'il n'y a pour le chat aucune distinction entre la raison et l'instinct, lesquels se fondent tous deux chez lui dans ce qu'on appelle l'intellect. Elle fit un bond, franchit le fossé qui la séparait du roi et fondit sur lui.

Chapitre 7

FLAIRER LA MORT

Si la mort a une odeur, les animaux la perçoivent par avance. Les chouettes hululent, les corbeaux croassent, les loups hurlent autour des demeures des condamnés. Les chevaux d'Achille ont connaissance de son destin imminent. Les chats reculent devant l'odeur de la maladie fatale et leur poil se hérisse en présence[1] de la belle dame sans merci[2]. Mais entre tous, ce sont les chiens qui tremblent, quand ils la sentent arriver comme le tonnerre, bien avant que l'orage ne se fasse entendre de l'oreille humaine.

Le maître de Momo rentrait chez lui de plus en plus rarement pour s'effondrer dans son lit tout habillé et presque sans manger, afin de dormir quelques heures avant de retourner au travail. Il portait sur lui cette odeur que Momo avait connue lorsqu'il était un jeune chiot dans le chenil où il avait été abandonné, quand on était venu enlever de sa cage le vieux Buck[3]. Il ne l'avait plus revu, mais quand les hommes étaient repassés peu de temps après, Momo avait encore senti l'odeur de Buck, confondue à cette autre odeur qu'il ne devait plus jamais oublier.

À présent, ce miasme, devenu familier à la maison, avait rempli les rues. Il se mêlait aux gaz d'échappement des énormes camions militaires qui défilaient lentement en cortège, avant le jour puis, plus discrètement, en pleine nuit, faisant la navette entre les hôpitaux et les cimetières. Il arrivait avec le vent des cheminées des crématoriums, qui ne cessaient d'expédier leurs fumées. Il imprégnait les murs des maisons aux portes fermées, il couvrait les senteurs de l'herbe et de la terre des plates-bandes, il montait des trottoirs, des chaussées, des pneus des voitures garées, des coins ombreux, où il se confondait avec l'odeur des pipis de chiens. Il s'attardait dans l'air et pénétrait les narines de chacun de ces chiens, provoquant des réflexes de douleur à la pensée de leurs maîtres.

Tous les chiens du monde sentaient que la maladie prenait les hommes à la gorge et ils éprouvaient la même terreur qu'eux, comme quand leurs ancêtres distinguaient le tremblement des troupeaux à l'approche du loup et qu'eux-mêmes, jadis loups et maintenant gardiens des agneaux, aspiraient à la bataille comme des sentinelles à l'aurore[4].

Il y a quelque chose de différent entre l'amour des chiens et celui de n'importe quel autre animal ou presque. Le chien ne possède pas le détachement ironique qui brille dans les yeux des chats, mais se livre tout entier à l'image de son maître, qui lui découvre le seuil d'un monde plus vaste. En tremblant, il tend l'oreille au bruit sourd, étouffé, insistant, du battement de son cœur, semblable à celui d'une montre enveloppée dans du coton[5]. Dans les sens suraiguisés[6] des chiens se reflètent la mort imminente de l'homme et la sienne. Si l'un des deux meurt, l'existence de l'autre vole en éclats[7].

Ce fut ainsi que se brisa justement celle de Momo. L'événement survint pendant ce qui restait de la nuit, entre le cri de la sentinelle et l'aurore[8]. Il revenait du jardin et n'éprouvait pas le besoin de s'attarder comme à son habitude autour de la haie en dessous de la maison, domaine disputé depuis toujours au braque de la porte voisine. Comme toutes les nuits où son maître n'était plus rentré chez lui – et elles étaient désormais nombreuses –, il allait vérifier, vers l'heure de la fin du service de garde, s'il ne dormait pas pour une fois dans son lit. La ronde nocturne était devenue l'une de ces routines auxquelles les chiens s'accoutument vite, les célébrant comme on observerait un rite ou un acte de sorcellerie, pour ne pas dire, dans son cas particulier, comme on réciterait une prière. « Notre mère qui es un croissant dans les cieux, que ton nom soit hululé. Que ton règne vienne, mais pas tout de suite. Que ta volonté soit faite, mais pas cette nuit. Fais qu'aujourd'hui encore notre gamelle soit remplie avec amour. » Fais que les pressentiments et les signes, les tressaillements et les sursauts de mon corps en plein rêve ne soient que l'illusion de ma très ancienne angoisse de chien de berger.

Quand il découvrit les fenêtres allumées et la porte de la cour grande ouverte, il sentit comme une morsure aux tripes. Des hommes en combinaison étaient en train de désinfecter la maison avec des jets de gaz. D'autres hommes prenaient des notes sur des feuilles de papier et détachaient les photos des papiers d'identité qu'ils avaient sortis du tiroir. Il n'entra pas. Il ne voulait pas être adopté ni, pis encore, être déporté dans un chenil. Il s'aperçut qu'il ne voulait plus rien. Sans même un geignement, la langue collée au palais, les dents tellement serrées qu'il arrivait à peine à respirer, il s'efforça, dans un souci de dignité, de garder dressées ses oreilles qui se pliaient et droite sa queue qui se cachait entre ses pattes tremblantes, et il se traîna de nouveau vers la haie. En grattant avec ses griffes, il s'enfonça au plus épais des plantes à feuillage persistant, là où la nature capricieuse, à moins que ce ne fût l'incompétence des cisailles de quelque jardinier, avait formé une niche, idéale pour observer sans être vu ou servir de poste de guet, mais, dans son cas, avant tout bien cachée et adaptée à son état.

Lequel correspondait – ces choses, tous les animaux les savent – à ce que les Grecs appelaient lutte et son maître, utilisant le même mot – un des rares mots de son jargon professionnel que Momo eût été capable de déchiffrer –, agonie. On sait bien qu'entre le dernier souffle en ce monde et le premier dans l'autre, même si aucun témoin n'est revenu de là-bas pour le garantir, mis à part cet homme qui dans son corps ou hors de son corps – on ne le sut jamais – fut enlevé jusqu'au troisième ciel[9], on sait très bien, donc, qu'en cet instant unique on voit passer devant ses yeux les images de ce qui a été, ce qui est et ce qui sera[10]. Il fut très étonné de découvrir parmi elles le museau du braque de la porte voisine – tel qu'il allait rester en constatant que la haie était désormais et définitivement le territoire de Momo – et celle de la chatte blanche à laquelle, le jour de la grande assemblée des animaux, il avait dit, avec une perspicacité prophétique inattendue : « Il n'y aura pas de prochaine fois. » Et tandis que tout se dirigeait vers de nouveaux commencements qui auraient eux aussi une fin, au cours d'une infinité de passages, et que sa pensée faisait doucement naufrage, sans qu'à aucun moment son cœur ne sentît la moindre peur[11], il ferma les yeux et mourut.

Chapitre 8

EX-TINC-TION

Le regard de terreur du roi des souris, celui, impuissant, des gardes prétoriens amphibies, ceux, affolés, des grands dignitaires siégeant tout en haut des gradins de l'hémicycle, occupèrent le moment le plus long de leurs carrières de rongeurs. Mais la présumée régicide atterrit en douceur et se coucha au pied du trône, en repliant ses pattes antérieures qu'on aurait crues cachées dans un manchon de fourrure. Comme dans une grande arène, la foule, un instant auparavant encore en proie au tumulte et hurlant à tue-tête, se tut d'un seul coup, paraissant obéir à une autorité supérieure, et retint sa respiration collective en voyant contenus en un geste la rançon de la vie de chacun, la raillerie accueillant les présages du devin, le coup sec donné aux fils de la marionnette du destin, ainsi resta l'immense masse des rongeurs. Puis elle se remit à respirer comme une seule souris, sans tout à fait croire encore que ce qu'elle avait pourtant vu de ses yeux fût vraiment arrivé.

On aurait dit que la chatte blanche s'était endormie à côté du roi, lequel se tenait tout à fait immobile. Les yeux verts s'amincissaient au point de ressembler à un prolongement de la ligne veloutée, du hardi trait de crayon, du curieux maquillage oriental qui unissait les paupières à l'oreille. Et pourtant elle veillait, remarquant le moindre bruissement et percevant chacune des milliers de présences qui respiraient dans la grotte. Dans cette immobilité de fakir[1], vibrant et faisant entendre, comme on dit que le faisait la sibylle, le bruit que chez les félins on appelle ronronnement, elle murmura aux oreilles du souverain stupéfait :

— Les hommes sont petits, faibles et peu perspicaces[2]. Les forces logées dans leurs membres sont ténues, de nombreux maux épuisent leurs pensées. Ils meurent vite et, au cours de leur existence, ils ne discernent qu'une petite partie de la vie[3]. À la différence des animaux, ils vivent comme s'ils ne devaient jamais mourir et ils meurent comme s'ils n'avaient pas vécu. Ils s'évanouissent comme des traînées de fumée et ce qu'ils ont le plus de mal à comprendre[4], c'est qu'ils ne sont rien, que vivre, c'est se préparer à mourir et à se dissoudre[5] de nouveau et que, de toute façon, les êtres vivants renaissent continuellement sous une autre forme, et que le néant n'existe pas, que l'éternité infinie ne sera jamais vide[6]. Mais écoute-moi si je te dis qu'ils sont en train d'apprendre.

Elle bougea à peine sa queue, comme la plume d'un éventail.

— Ils pourraient apprendre, admit le chef des rongeurs, en reprenant des couleurs après son épouvante, s'ils accueillaient en eux un petit quelque chose de nous autres souris : notre intelligence, notre fantaisie de petits mercures prêts à toutes les ruses, véloces, inventifs, et pourtant – et les yeux rouges se rallumèrent dans l'obscurité – chassés sans trêve par le chat qui contrôle la maison pour servir son confort égocentrique[7].

— Je suis d'accord, répondit la chatte blanche, *glissando*. Les hommes devraient emprunter quelque chose à chaque animal. L'animal est un citadin, même s'il vit dans la nature, il est pieux, il suit sa vie avec beaucoup de régularité. Seul l'homme est extravagant[8]. Il devrait nous prendre pour miroirs, copier nos images et nos comportements, afin de voir plus profondément dans son âme et se connaître lui-même[9], conclut-elle, en s'interdisant de sonder l'abîme impossible à combler qui distinguait la routine d'un chat de celle d'un rat.

— Se connaître lui-même ? Ma blanche prédatrice, pliant l'orgueil de ta lignée féline, tu as demandé audience au roi de la race qui, depuis des millénaires, connaît le mieux la nature humaine, répondit mielleusement le rongeur. Vois-tu, à présent, chaque homme vit comme un sauvage dans sa tanière[10], et il en sort rarement pour rendre visite à son semblable, pareillement découragé dans sa propre tanière, déclara-t-il d'un ton inspiré. Crois-tu que ce soit la faute du virus ? Non. C'est sa véritable nature.

— Tu te trompes, rétorqua la chatte. L'homme, à moins d'être un moine ou un bonze, ne sait pas rester seul avec lui-même, il en est incapable. C'est un animal politique[11]. C'est dans la société de ses semblables qu'il reprend des forces, pour le bien comme pour le mal. Pris tout seul, ou en petits groupes, jamais il ne pourrait lutter, je ne dis pas contre un grand félin, mais pas même contre un chimpanzé.

Un couinement d'approbation étouffé s'éleva de la garde prétorienne. Le rongeur fit une pause théâtrale, puis il exulta, en découvrant ses fines incisives jaunâtres, avec l'expression mauvaise de certaines mégères quand elles prennent leur prochain en défaut :

— Oh, ma très chère Blanche-Neige, où vois-tu un animal politique ? C'est l'avantage personnel, l'intérêt particulier qui dictent toutes les actions de l'homme ! Si l'enjeu est le bien commun, jamais aucun d'eux ne considère qu'il a été suffisamment rémunéré. Et quand un homme se donne lui aussi la peine de penser aux intérêts de son peuple, comme nous le faisons constamment, nous autres souris, on attendrait en vain qu'au moment du danger ou du besoin, ce peuple prenne à son tour la peine de se rappeler l'aide qu'il a reçue[12]. La grande famille universelle dont tu n'arrêtes pas de parler est une utopie digne de la logique la plus médiocre[13].

La souris avait hurlé cette dernière phrase à la figure de la chatte, pour le bénéfice de l'assemblée entière qui s'égosillait à lui donner raison par le biais d'un charivari de couinements. Mais la chatte ne perdit pas courage et, s'étirant avec une lenteur étudiée pour faire taire les cris, elle prit la position hiératique des statuettes égyptiennes de la déesse, assise avec les pattes antérieures droites et dûment jointes, les oreilles dressées.

— Si tu ne connais ni ton ennemi ni toi-même, murmura-t-elle, chaque bataille signifiera pour toi une défaite assurée[14], disait un vieux général. L'homme ne se connaît pas, nous le savons bien, depuis que le germe de l'oubli l'a éloigné de la grande âme unique du monde. Mais à présent, il commence à comprendre, sous l'effet d'un autre germe, le tien, qui est son véritable ennemi. Et il commence à se rappeler qu'il est lui aussi un animal.

Elle se gratta l'oreille.

— Il y a encore du bon chez lui[15].

— Du bon ? s'écria le petit César, stupéfait.

Avec un geste ostentatoire de la patte, de bas en haut, un geste de chef d'orchestre, il invita à se lever un obscur surmulot qui avait écouté jusqu'à ce moment, sans sortir de l'ombre, mais avec une attention particulière, l'échange entre l'intruse et son roi. C'était le premier officier médecin du camp des rongeurs et ses robustes moustaches ajoutaient de l'autorité à son expression d'extrême concentration, laquelle, à l'invitation du roi, se fit péremptoire. Il claqua des talons, s'avança vers le devant de la scène et entonna une lecture magistrale qui devait être le cheval de bataille de son répertoire dans les congrès internationaux.

— Qu'il me soit permis d'observer, en vertu de mes titres et de ma longue carrière dans les laboratoires bactériologiques de notre peuple, que les extinctions et les infections sont liées par un double fil. La déforestation, la chasse, le braconnage et le commerce illégal d'animaux exotiques, la destruction de leur habitat par l'*Homo sapiens* ont créé une promiscuité que ses propres ancêtres auraient trouvée sacrilège entre lui et les habitants de la nature sauvage. Le type d'interaction que les hommes d'aujourd'hui établissent avec les milieux naturels détermine non seulement la dégradation de ces derniers, mais la leur. Tout cela s'applique à la pollution, à la dégradation hydrogéologique, aux changements climatiques.

Il éclaircit sa voix stridente, lissant ses moustaches du bout de ses griffes aiguisées.

— Grâce à l'expérience que m'a fournie l'étude de la compétence millénaire cultivée depuis toujours par notre peuple en matière de transmission des infections zoonotiques, je puis affirmer que c'est cette violation sacrilège, ou plutôt, en termes plus sobrement scientifiques, l'exploitation des zones vierges et non contaminées, remplacées par des zones de culture intensive, qui, après le génocide de millions d'animaux et d'espèces entières, a préfiguré le scénario éminemment prévisible d'une infection mondiale de la plus meurtrière d'entre elles, à savoir l'espèce humaine, et donc, tôt ou tard, de son extinction spontanée.

— Son ex-tinc-tion, répéta le roi prolixe, en congédiant le grand homme avec un lumineux sourire. Chère philanthrope, comprends-tu à présent que ce ne sont en réalité ni mon modeste plan stratégique ni la collaboration zélée de ma complice la chauve-souris qui ont propagé parmi les hommes cette contagion, mais les hommes eux-mêmes ? Et que bientôt – il eut un sourire cynique – et sans aucune nécessité désormais de la moindre action propice de notre part, une autre pandémie s'abattra sur tes humains bien-aimés ?

Ce fut à ce moment-là que la chatte perdit son aplomb, avec un feulement guttural qui paraissait sortir du fond des viscères d'un autre animal, encore plus ancien, ou qui ressemblait au cri de guerre d'un chef peau-rouge, ou au chant d'un chaman possédé par l'esprit d'un jaguar :

— La vérité, c'est que vous tous, rongeurs gluants et perfides qui peuplez les zones les plus basses de la sous-chaîne alimentaire de l'homme, vomit-elle comme si elle cherchait à se libérer d'une énorme boule de poils non digérée, vous ne demanderiez pas mieux que de voir l'humanité s'éteindre, en ne laissant que des ruines colossales telles que celles-ci – et flairant à plusieurs reprises, elle éleva son museau vers la coupole – que votre puanteur a profanées.

— La vérité, lui rétorqua la souris du tac au tac, féline ingrate et soumise, c'est que tu es furieuse, comme tous ceux de ta race, à la seule idée qu'avec l'écroulement du monde humain tes privilèges millénaires vont s'évanouir. Vous autres chats, vous êtes de vrais parasites. Tout comme les autres, les chiens, que vous prétendez ne pas pouvoir supporter et avec qui vous vous partagez au contraire comme une aumône l'amour des êtres humains.

La panse rebondie du monarque tressautait de rage, sa voix était un râle comme ceux qu'on entend parfois la nuit entre les poutres en bois des maisons abandonnées.

— Va donc demander de l'aide à ton ami le chien. Et non pas à moi qui ai une nation à créer, maintenant que nous aurons aussi, nous autres souris, un État reconnu sous le soleil, quel que soit votre destin à vous.

Et sous le soleil, la chatte blanche s'en retourna, revenant sur les traces de ses pattes souillées de boue. Elle s'allongea sur l'herbe, le ventre en l'air, évitant les orties, et consciencieusement commença à se nettoyer, tandis que le coucher de soleil incendiait le forum. À cet instant, un affreux vacarme, qui s'élevait au loin, la paralysa, une patte postérieure en l'air, lui faisant dresser les oreilles. Des centaines de voitures envahissaient le belvédère archéologique dans un sabbat de coups de klaxon. Banderoles, pancartes et haut-parleurs diffusaient des slogans contestant la quarantaine obligatoire.

C'était, se dit-elle, un phénomène inconnu de mémoire de chat, laquelle doit être en outre multipliée par sept, puisque le chat a sept vies. Les humains, donc, descendaient dans la rue pour protester contre la solitude. Comme si leur ennemi, c'était elle. Comme si, qu'on fût homme ou animal, on n'était pas toujours seul pour naître et pour mourir. Même si jamais autant qu'à présent, les êtres humains n'avaient été aussi seuls pour rendre leur dernier soupir. Leur âme les abandonnait séparés de leur tribu, isolés, enterrés vivants dans leur souffrance, jusqu'à l'étouffement. Elle entrouvrit ses yeux verts, s'allongea sur l'herbe fraîche et se remit à sa toilette, se débarrassant de la boue et de cette terre noire dans laquelle les dizaines de milliers de corps auxquels le virus avait ôté la vie ne parvenaient même plus à être ensevelis.

Chapitre 9

MÉTAMORPHOSES

Il n'est pas dit qu'Auguste croyait tout ce que disait Ovide, lorsqu'il décrivait[1] les métamorphoses des hommes en animaux ou en plantes. Nous sommes nés, ô grand empereur du monde, des dents d'un dragon[2], sortis d'œufs à coquille d'argent[3], façonnés selon la nature des oiseaux[4]. Nous avons été allaités par des louves sur les rives de fleuves[5], nourris par des corbeaux sur les grèves de torrents[6], soignés par des taupes dans la pénombre de leurs taupinières[7]. Nous avons une queue de poisson, une tête de taureau, nous sommes des sirènes et des ichtyocentaures et ne vivons pas seulement d'air ni seulement d'eau, nous sommes des Minotaures oubliés dans nos labyrinthes. Dans le sérail de Circé se croisent des regards humains, et c'est une disgrâce pour l'animal que de se transformer en homme plutôt que le contraire. Qui évite la métamorphose d'un être à un autre ne ressemble à rien tant qu'à un bambin qui redoute les médicaments du médecin et refuse les enseignements du maître, car ils modifient sa condition de malade et d'ignorant en le rendant plus sain et plus sage[8]. C'est là, sans doute, ce que voulait dire le poète à l'empereur hautain, allongé sur son triclinium, soudain en proie au sentiment du vide le soir, lorsqu'il humait l'odeur de la cendre de santal refroidissant dans les brasiers[9] et se mêlant à celle de la pluie de juin qu'exhalaient les jardins, où le cyprès et le pin commun étaient taillés en formes animales, sculptées pour devenir des simulacres de divinités.

Cherche à l'intérieur de toi ces animaux et tu les trouveras dans ton âme[10]. Comprends, César, que tu as en toi des troupeaux de bœufs, des troupeaux de moutons et des troupeaux de chèvres. Comprends qu'il y a aussi en toi des oiseaux du ciel. Comprends que tu es un autre monde en miniature, et qu'il y a en toi le Soleil, la Lune et aussi les étoiles[11]. Mais sache qu'il y a en outre la souris qui te visite en rêve, porte sur son échine grise la soudaineté de l'imprévu, creuse des trous et ouvre des passages. Et garde-toi bien, ô divin empereur, de prendre la souris au piège[12].

Que le prince ait cru ou non aux paroles du poète et qu'il soit ou non parvenu à y discerner le filigrane d'un dessin si subtil qu'il échappait à la morsure des termites[13], il ne pouvait pas, sous son voile sacré de prêtre suprême, consentir à accorder autant de liberté à l'imagination de ses sujets. On n'était plus aux temps des grands empereurs d'Orient qui promulguaient, en les faisant graver dans la pierre à chaque coin de leur royaume, des édits et des lois destinés à défendre les animaux[14]. Ovide finit en exil, comme l'avaient fait avant lui d'antiques dieux revêtant la forme d'une génisse ou d'une chouette, d'un aigle ou d'un loup. Ou comme Anubis au visage de chacal et Horus au bec de faucon et Bastet à la tête de chat, ou même Esculape, le dieu-taupe, et toutes ces divinités grecques et latines qui, avant de prendre un aspect humain, étaient vénérées sous une forme animale.

Celle du corbeau, par exemple[15]. Et le corbeau le savait fort bien. Il comptait dans sa lignée de nombreux dieux blancs, avant que la colère n'eût pris l'un des leurs, le dieu-corbeau Apollon – pensait-il, se préparant à migrer en cette fin de printemps vers les régions dont il était originaire.

— Croa croa ! Croa croa !

Il regardait ses compagnons de vol lisser de leur bec crochu le plumage de leurs ailes, noires comme la tempête, luisantes comme l'acier des épées par une nuit de bataille, sombres comme une malédiction qui aurait condamné à la chute une foule d'étoiles, les cachant pour toujours à la lumière du jour.

Elles étaient blanches, avant la métamorphose, blanches comme l'éclat du soleil quand il frappe de son croissant les neiges éternelles des royaumes hyperboréens, où Apollon avait demeuré avec eux, comme s'il était l'un d'eux. Parce qu'en ces temps-là, les corbeaux eux-mêmes étaient hyperboréens et savaient à quel point on vivait diversement et, au-delà du nord, du ciel, de la mort, ils connaissaient le chemin[16]. Mais Apollon teignit de noir le dernier corbeau au plumage blanc pour le punir de sa loquacité, car il avait révélé la trahison dont s'était souillée Coronis, puis le dieu sournois avait transpercé la jeune femme, expédiant au moyen de son arc d'argent une des flèches qui résonnaient dans son carquois[17], et il avait confié le petit Asclépios, cœur de taupe, arraché du ventre maternel, au plus grand de tous les maîtres, le centaure Chiron[18], l'immortel, mi-homme et mi-cheval, qui prit soin non seulement de lui, mais aussi d'Héraclès et d'Achille, et d'Orphée, de Jason et de Thésée et de bien d'autres encore. Les récits de la tradition se présentaient en foule à l'esprit du corbeau jusqu'au moment où, déployant ses ailes, comme un éventail funèbre, il prit son vol.

La route n'était plus déserte, comme au cours des deux mois qu'il avait passés sur l'antique toit de tuiles en pente, mais sillonnée par des trajectoires de vélos. Hommes, femmes, enfants, certains avec les lèvres et le nez couverts de rectangles en papier ou en tissu, pédalaient paresseusement sous le soleil du début d'après-midi. À quelque distance, il entrevit le vieux à barbe blanche, rencontré à son retour, qui les rattrapait, en selle lui aussi, mais à une allure endiablée. Il y avait dans sa façon d'avancer quelque chose qui le différenciait des autres : un élan, une légère fébrilité dans ses yeux écarquillés, dans sa bouche édentée, grande ouverte pour engloutir l'air avec l'avidité d'un poulain. Sa chemise déboutonnée laissait voir sa poitrine à moitié nue sous sa toison argentée, ses mains avaient abandonné le guidon et dansaient dans les airs. L'homme était en extase, comme s'il avait retrouvé, en même temps que sa vieille bicyclette, le souvenir de son enfance au milieu des ruines d'un monde à reconstruire, ou peut-être quelque chose de plus ancien encore, sorti de la solitude et de la réclusion, fait de la matière des songes et des formes animales qui, bondissant de lointains primordiaux jusque dans l'obscurité du lit, partagent l'intimité la plus profonde et récapitulent tous les matins au réveil le jardin d'Éden[19].

— Un cheval, un cheval, mon royaume pour un cheval[20] !

Voilà ce que le corbeau crut entendre crier par cette âme lancée au galop vers sa métamorphose. Et ce fut alors qu'il comprit : la silhouette hybride qu'il contemplait à contre-jour était devenue un centaure, exactement comme Chiron, à qui il pensait à peine un instant auparavant, par une de ces rares coïncidences de faits subjectifs et objectifs qu'on ne peut pas expliquer par un lien de causalité et que ce magicien suisse appelait synchronicité[21].

L'enceinte carrée du jardin, dans l'espace entre les maisons, était fleurie comme aux temps des fêtes en l'honneur d'Adonis. Au centre, le banc de marbre se détachait à la façon d'un autel vide. Tandis que le corbeau descendait en piqué, visant le tapis de graviers, le vieux centaure s'y précipita et le remua à grand bruit en piaffant de tous ses sabots, avec son visage avisé à la barbe pointue. Ses yeux, au milieu de ses multiples rides, ses yeux antiques et brillants, étaient heureux[22].

Chapitre 10

LES JUSTES

Selon la tradition hébraïque, il n'existe pas de génération qui ne compte en ses rangs un certain nombre d'hommes droits, secrètement occupés à soutenir l'univers. On les appelle « les justes » ou « les cachés », parce qu'ils vivent perdus de par le monde, anonymes ; on ne les reconnaît pas et ils n'ont pas eux-mêmes conscience de la fonction qu'ils exercent[1]. Les opinions divergent quant à leur nombre. D'aucuns parlent de quatre[2] justes, d'autres de trente-six[3] ; et selon certains encore, ils sont cinquante[4]. Ces chiffres, toutefois, remontent à des temps où l'homme utilisait les nombres non pas pour accumuler des richesses et calculer des intérêts, mais comme les poètes se servent des mots, toujours insuffisants, pour décrire l'univers infini. En ces temps-là, les noms étaient des nombres et les nombres des noms. Le nombre pouvait être divisé et multiplié à l'infini, de même que le nom dans lequel on se reflétait et se cachait avec la timidité d'une gazelle. Et le sens enfermé dans les lettres *lamed* et *waw* est secret comme celui de n'importe quel autre chiffre, de même que reste secret le nom du dieu des cabalistes. Il n'est donné à personne de savoir si les justes de ce monde sont au nombre de deux fois dix-huit, ou si leur nombre est infini, ou indéfini car sujet à l'expansion, comme l'est l'univers, qui *no tiene ni anverso ni reverso*, n'a ni endroit ni envers[5], et ne se laisse saisir ni par les mètres des poètes ni par les séquences des mathématiciens. Ce qui est certain, c'est qu'un juste sera toujours trop humble pour croire qu'il en est un.

Un homme qui cultive son jardin, comme le voulait Voltaire. Un homme content que la musique existe sur la Terre. Découvrant avec plaisir une étymologie. Deux employés jouant aux échecs en silence, dans un café du Sud. Un céramiste préparant une couleur et une forme. Un typographe composant bien cette page, alors qu'elle ne lui plaît peut-être pas. Quiconque caresse un animal endormi. Justifie ou tente de justifier un tort qu'on lui a fait. Préfère que les autres aient raison. Ces personnes qui s'ignorent sont en train de sauver le monde[6], dit le plus grand poète aveugle après Homère.

Ils s'ignoraient, la jeune mère aux longs cheveux roux et le vieillard à barbe blanche, que Maman Cane et le corbeau avaient rencontrés, ainsi que le voleur qui une nuit s'était cogné contre le cerf sacré. Et aussi le jeune assureur chauve et voûté qui dépérissait, enfermé chez lui depuis des semaines, rêvant à la lumière tremblotante des néons de son bureau, et qui un matin, après des rêves troublés, s'était réveillé dans la carapace verte[7] d'un de ces scarabées que les Égyptiens ont élus gardiens du cœur, comme l'avait bien vu et raconté non pas la première mésange charbonnière de passage au point du jour, mais une source pleine d'autorité comme le gecko aux mains étoilées, antique roi et prêtre, vénéré parmi les lares et les pénates, qui ajoutait à la sagesse la compétence alimentaire, puisqu'il se nourrissait scrupuleusement de coléoptères.

Et aussi la marraine de la ligue antichasse, une dame à la peau ambrée, avec quelques taches de rousseur sombres et un petit grain de beauté, dont la réserve confinait à la timidité, extrêmement courtoise et maîtresse de soi, une dame dont la vieille nourrice disait : « Au fond d'elle-même, elle a toujours été un peu sauvage[8]. » Par un début d'après-midi, toutes les activités sociales étant finalement suspendues, en se promenant dans leur jardin, la main dans celle de son mari, elle s'était transformée en petite renarde d'un roux flamboyant, comme l'avait rapporté non pas un quelconque chat, témoin partial en sa qualité de vieux complice de ses méfaits, mais une vénérable tortue qui en avait vu de belles, mais jamais rien de pareil. Et aussi le petit garçon chinois, chassé de l'école et isolé de ses amis, parce qu'on l'avait trouvé coupable d'un délit inexistant, mais dont on avait besoin[9], le délit d'avoir répandu, diffusé une contagion venue du pays de ses grands-parents, dont il ignorait tout par ailleurs ; il s'était réfugié tout seul dans un pré de la périphérie, parsemé de primevères, et s'était endormi pour se réveiller papillon, puis, s'étant rendormi, il avait rêvé qu'il était petit garçon, et il n'aurait plus su dire, en fin de compte, s'il était un papillon rêvé par un petit garçon, ou bien un petit garçon rêvé par un papillon. Un sillage multicolore d'éphémères l'avait jugé conforme au grand nuage d'insectes qui surplombe les villes et diffuse, variable et multiple, chaque nouvelle parmi ses habitants.

Ils ne savaient pas qu'ils étaient justes et ne se reconnaissaient pas. Mais quelqu'un les avait reconnus : les animaux. À ce qu'il semblait, les paroles de la baleine étaient en train de se concrétiser : les hommes peuvent encore apprendre.

Certains d'entre eux étaient en train d'anéantir le germe de l'oubli qui avait corrompu leur race. Depuis qu'ils s'étaient installés dans ces corps, ils étaient sidérés par les discours de ceux qui voulaient persuader leur prochain du fait que toutes les créatures en dehors de l'homme étaient privées de raison et d'intelligence[10]. Ils étaient troublés, perdus, ils souffraient. Mais dans la nature, la douleur est justement le moyen d'apprendre. *Pathei mathos*[11], disaient nos ancêtres : la douleur est notre maître. Depuis longtemps, l'homme voyait s'éteindre les plantes et les animaux, les cultures et les langues, les coutumes, les métiers et les histoires. Et pour cette raison, son âme éprouvait déjà une sensation d'isolement, de nostalgie et de deuil[12], c'était tout naturel. Parce que notre univers est un seul et unique être vivant, contenant en lui tous les animaux, ayant une âme unique dans toutes ses parties[13]. Mais s'il existe une âme du monde et si tous en sont membres, alors tout ce qui arrive dans l'âme extérieure arrive aussi dans l'âme intérieure.

Depuis bien avant la grande quarantaine, les âmes des hommes étaient malades. Mais elles ne paraissaient pas s'apercevoir que leur dépression était due à la destruction de la Terre. À présent, l'épidémie, la mort, le vide que l'on faisait dans le monde environnant avaient fait remonter la mémoire de l'arche qu'ils avaient en eux et les avaient de nouveau reliés à la grande âme dans laquelle chaque animal est plongé. Transformer leur propre humanité indiquait une voie vers la transformation de l'humanité. C'étaient eux les justes. Ceux qui avaient tiré la leçon du malheur, comme le voulait la baleine, et appris à chanter d'une voix poignante la joie de la lignée animale retrouvée.

Tiotío tiotínx[14]. *Triotò triotò totobríx*[15]. *Tuít-tuít-tuít. Giag-giag-giag-giag-giag-giag. Tiriú*[16], chantait, en rompant le silence pour exprimer son esprit tremblant et subtil[17], l'adolescente devenue rossignol, tandis que, par des vols brefs, elle passait de branche en branche, hors de la cage domestique où le grand homme de la maison ne pouvait plus la toucher. Elle, si brutalement violée[18], tordait, affinait, enchaînait, défaisait, dévidait et renouait la mélodie[19] en variant les timbres, comme si au-dedans d'elle jouaient la cithare, la flûte, le luth, l'orgue et la lyre[20]. *Tiriú-tiriú*, répétait en écho sa sœur l'hirondelle, transformant en un millier de langues une langue coupée.

Chapitre 11

LES MARBRES

Quand Momo se réveilla, à la première lueur de l'aube, il n'était plus dans la haie, mais étendu sur un pavage de pierres lisses et froides, à l'endroit où convergeaient trois ruelles. La première chose qu'il vit, et il se demanda s'il ne se trouvait pas dans l'autre monde et, si c'était le cas, dans quel autre monde parmi ceux dont on parlait, fut un gigantesque pied coupé qui lui donna le frisson par le fait même qu'il eut aussitôt le sentiment d'être plus petit qu'un pinscher nain. Mais au second regard, il vit que ce pied était de marbre et comprit qu'il devait s'agir du vestige de quelque statue colossale. Tout engourdi, il étira ses pattes postérieures. Et maintenant, imaginez un peu quel fut son émerveillement[1] quand, en levant la tête, il s'aperçut que ses membres canins n'existaient plus et vit à leur place une paire de longues jambes humaines, roses et glabres. Voilà pourquoi il trouvait le sol si froid. Sa fourrure avait disparu, et pas seulement celle des pattes, mais aussi celle du dos et de toute la surface de son corps qui, loin d'avoir rapetissé, était devenu au moins trois fois plus long qu'avant.

Il se mit sur le ventre et tenta de s'asseoir, poussant sur ses membres antérieurs afin de redresser l'échine, mais le résultat fut lamentable. Il glissa en avant, se cogna violemment le menton sur le dallage et finit allongé de tout son long puis, quand il rouvrit les yeux, il trouva devant son museau deux mains humaines avec cinq doigts chacune, autant d'ongles et pas de griffes. Il les flaira et elles s'éloignèrent. Il recula son nez et elles avancèrent, puis elles s'immobilisèrent. Momo se concentra et les doigts se mirent à bouger. À ce moment précis, il comprit qu'ils faisaient partie de son corps, il les porta à son museau et, en le tâtant, put constater, à son grand soulagement, que celui-ci n'avait pas changé, c'était toujours le sien, pointu, avec sa truffe, douce et humide, et ses oreilles en pointe qui couronnaient son profil de bâtard franchement bien réussi, fruit de l'amour entre deux chiens plutôt que de croisements combinés par les expériences des hommes.

Il se mit debout, en mode bipède, avec une facilité qu'il n'aurait jamais soupçonnée lorsqu'il lui arrivait de le faire du temps où il était quadrupède – assez souvent, pour dire le vrai –, se dressant contre son maître pour lui lécher le visage ou même, tout simplement, pour prendre l'aliment que celui-ci, par jeu, soulevait de plus en plus haut. L'énergie qu'il sentit dans ce corps qui était à lui tout en ne l'étant pas, mais dans lequel, c'était indubitable, logeait son cœur de chien, l'émut et l'attrista, parce qu'elle lui rappelait énormément son maître. En tout cas, il sentit disparaître le soupçon que tout ce qu'il éprouvait était un songe ou un délire. Il avait toujours été doué de bon sens et d'un solide principe de réalité, à la différence de certains chiens qui, tôt ou tard, finissent par se convaincre qu'ils sont les égaux de leurs maîtres, au même titre que certains humains qui s'attachent à tel homme politique, ou à tel financier et, comme le lierre, caressant le grand tronc et léchant l'écorce de l'orme tutélaire, se cramponnent plutôt que de grimper à la force de leurs propres bras[2]. Les cynocéphales (et il fut stupéfait de s'être rappelé sans incertitude un mot humain si difficile), on n'en voyait plus depuis des générations, se dit-il, non sans un certain orgueil. Un des derniers hommes à tête de chien, à ce qu'on racontait parmi les loups de la steppe[3], avait été remarqué plus d'un siècle auparavant dans les boutiques de cannelle[4] d'une grande ville d'Europe centrale. Leurs géniteurs sacrés étaient pour ainsi dire oubliés. Surnageait le souvenir de saint Christophe Cynocéphale, protecteur des pestiférés, uniquement vénéré dans une iconostase byzantine perdue, lui-même arrière-petit-fils d'Anubis, seigneur de l'Occident, gardien de Cynopolis, où Momo pensait devoir se réveiller après sa mort.

Il était on ne peut plus évident, toutefois, qu'il ne se trouvait pas dans la Cité des chiens. Il ferait bien de dresser une liste de ses idées, comme le font les êtres humains. *Primo* : il n'était pas mort. *Secundo* : les trois quarts de son corps étaient humains d'où, *tertio*, la liste relevait tout à fait de ses facultés et, cette fois-ci, il allait la rédiger dans les règles de l'art. *Quarto* : il n'était plus dans sa ville. *Quinto* : la circonstance la moins claire de sa transformation était encore comment et quand il avait pu arriver à ce carrefour inconnu. Pour le moment, il n'était pas en mesure d'enquêter sur ces deux questions. Toutefois, c'était sans doute le sixième point qui le troublait le plus : et maintenant ? Que devait-il faire de sa nouvelle vie, maintenant que son maître était parti ? Dans quel néant avait-il plongé ? À combien de vaines lunes devrait-il aboyer ? Son maître lui avait laissé la planète entière, mais en son absence elle était étriquée et impitoyable. Et pourtant, en regardant à présent son corps humain, véritable miroir de son maître, il lui semblait voir la fin d'un chemin, la possibilité d'un adieu, sans larmes ni fleurs.

Cette fois, la liste n'avait pas été du tout inutile. Il reprit son souffle. De même qu'au moment où la nuit tombe sur la jungle puissante et où les singes, bondissant un bref instant auparavant de branche en branche avec des cris stridents, regagnent leurs repaires, où les arbres se taisent comme un théâtre vide, ainsi l'esprit de Momo eut l'impression de se débarrasser de la singerie des pensées[5]. Et à ce moment, ce qui permit à son cœur, battant à un rythme de plus en plus régulier, d'émettre comme un fil de fumée d'encens l'image diaphane qu'il se rappelait avoir vue juste avant de mourir, l'image de la sage chatte blanche, ce ne fut plus ni l'homme, ni le chien, ni la raison, ni l'instinct, mais la respiration qui, passant par ses narines humides et noires, gonflait son torse rose.

Il serait tout à fait excessif de croire que les animaux possèdent – comme certains saints, à ce qu'on dit – le don d'ubiquité. Mais il est absolument certain qu'ils surent communiquer à distance bien avant que l'homme n'eût inventé ce qu'il appelle les télécommunications ou les connexions digitales. Il ne s'agit pas seulement des codes de navigation des oiseaux migrateurs ou des messages inaudibles que les baleines émettent, en plus de leur chant, ou des signaux chiffrés dans le vol des abeilles[6]. Tous les animaux, sans en omettre un seul, savent établir une liaison entre eux, même d'un bout du monde à l'autre, quand la nécessité de la nature ou une autre urgence intime le leur impose. Même le chien et le chat. Même la chatte blanche et Momo qui, ce matin-là, pensaient l'un à l'autre et étaient en train de syntoniser leur pensée.

L'image de la chatte parla à l'homme-chien et lui dit :

— Viens me rejoindre.

— Où ça ? demanda le cynocéphale.

— Je suis ici, parcours les pas du pied de marbre de la déesse.

Le sourire de la chatte envahit le cœur de Momo.

— Suis la ruelle qui mène à la place, tu m'y trouveras.

Les longues jambes nues de Momo ne mirent pas longtemps à paraître dans l'enceinte rectangulaire qui s'ouvrait au-delà du carrefour indiqué par le pied colossal de la statue d'Isis. Rien ne bougeait.

— Où es-tu ? aboya, impatientée, sa partie canine, restée méfiante envers la race féline.

Silence. Momo fut tenté de flairer le terrain, mais il eut du mal à se pencher sur ces deux grandes guiboles, alors qu'il lui était incroyablement aisé de regarder vers le haut. La place était entourée de palais anciens aux fenêtres encadrées de marbre blanc. Sur une de celles-ci, il fut frappé, en raison du contraste, par la silhouette perchée d'un corbeau noir. De l'autre côté du rebord de la fenêtre, on aurait pu croire sculptée dans le même marbre la minuscule statue d'une chatte. Quand le corbeau croisa le regard de Momo, il allongea les ailes et descendit en direction de la place. Momo n'eut pas le temps de le suivre des yeux car au même moment la chatte de marbre fit un bond et depuis le rebord atterrit à ses pieds.

— Bienvenue dans le quartier égyptien, miaula-t-elle. Ici, au-dessous de nous, les temples antiques de Sérapis et d'Isis, déesse des chats aux sept vies, ouvrent encore tout grands leurs âtres et dévident leurs couloirs. À propos de vies, bienvenue aussi dans la seconde des tiennes. Pour un chien, il est rare d'en avoir plus d'une.

— Et encore plus rare, grommela Momo, tournant vers le haut les paumes de ses mains et les scrutant d'un air perplexe, de mourir chien dans une haie et de se réveiller homme on ne sait pas très bien où.

La chatte, abandonnant son corps au soleil et entrouvrant les yeux, le corrigea affectueusement :

— Tu n'es pas exactement mort. Et tu n'es pas non plus devenu un homme, à en juger par ton museau. La douleur, comme l'amour, provoque une métamorphose. À propos, toutes mes condoléances.

L'homme-chien baissa la tête.

— C'est le virus.

— Je sais, dit la chatte en se rembrunissant. Des humains comme ton maître, qui ont sacrifié leur vie pour en sauver d'autres, il en est tombé, dans le monde entier, des milliers. Mais il serait content, lui, de savoir pourquoi tu as été transporté ici.

Momo se rappela une des premières questions de sa liste et s'anima :

— Comment ? Par qui ?

— Tu le sauras en temps et en heure. Maintenant, une question plus urgente nous attend. Et lui – elle se tourna vers le corbeau qui suivait avec attention leur échange, se confondant avec sa propre ombre dans le soleil du matin qui avançait –, il nous aidera.

La chatte blanche ouvrit ses yeux verts à la lumière et ses pupilles se contractèrent en deux fines lames.

— Nous devons sauver le genre humain.

Momo la regarda comme un chien pas encore dressé dévisage pour la première fois le saltimbanque qui lui ordonne de courir vers un point extrêmement éloigné, de s'arrêter d'un coup, de s'asseoir, de se coucher, de rouler sur lui-même, de faire le mort et de se relever pour se mettre à danser sur deux pattes, d'abord les postérieures, puis les antérieures, au son d'un orgue de Barbarie. D'habitude, le chien, comme Momo à ce moment précis, n'a qu'une seule pensée : « Il est tombé sur la tête. » Ce fut d'ailleurs ce que la chatte lut dans son expression, sans être confondue pour autant, puisqu'elle continua aussitôt :

— Comme l'ont vérifié les experts qui font autorité sur les pestilences – et elle s'abstint ici de préciser l'espèce du dernier expert qu'elle avait entendu –, cette pandémie n'est que la première d'une série inévitable. D'autres viendront et cette fois-là, il n'y aura pas d'assemblée des animaux pour décider à quel point elles seront mortelles. Si l'homme ne change pas d'attitude envers la nature, il s'éteindra spontanément.

Tout à coup, à cette idée, le sang monta à la tête canine de Momo, tandis que son corps humain blêmissait comme s'il n'en avait plus une goutte. La chatte conclut :

— Toi et moi, qui sommes depuis toujours ses alliés, nous devons l'aider.

Ayant dit cela, elle se mit à faire sa toilette, comme s'il n'y avait rien d'autre à ajouter.

Le corbeau tournait le cou par saccades entre la chatte et l'homme-chien, comme le font les oiseaux quand ils sont concentrés, sans renoncer à se donner, de temps à autre, un coup de bec dans les plumes. Ses yeux ronds lisaient à présent dans ceux de Momo la lutte entre une nature canine désormais privée de la pulsion de l'instinct et une nature humaine ignorant encore que quand on aime on peut toujours faire quelque chose[7]. Il fixa bien droit dans ce regard perdu le sien, antique et sage :

— Généreux fils de chien, jusqu'à présent, tu avais une raison de mourir, maintenant, tu as une raison de vivre. Les deux, comme l'a dit un grand prophète, sont la même[8], mais cela est difficile à comprendre.

Sautillant sur ses pattes, il frotta ses mollets de ses plumes.

— Considère ton nouvel aspect. Ta tête est restée une noble tête de chien et elle te guidera dans ta décision. Mais n'oublie pas tes mains. Écoute-les, que te disent-elles ? croassa-t-il.

Momo regardait le corbeau et la chatte, sans comprendre quelle part pourraient jamais jouer son esprit ancien et encore moins ses mains toutes neuves dans une affaire cosmique d'hommes, d'animaux, de contagion, d'extinction : quelle pourrait bien être la contribution d'un bâtard qui, au cours des dernières heures, était devenu par-dessus le marché encore plus hybride ? Il finit par poser les yeux sur ses mains. Et celles-ci, sans qu'il pût rien y faire, commencèrent à bouger toutes seules en direction de la chatte. Elles l'effleurèrent, puis elles se mirent à parcourir délicatement son petit corps qui le seconda en s'arquant, en s'étirant, en dressant la queue. Pour la première fois, il sentit ce qu'éprouve un petit enfant en caressant un animal et sa décision fut prise.

— Que dois-je faire ? lui aboya-t-il avec douceur.

S'il existe un art dans lequel les chats sont passés maîtres, c'est celui de transmettre à qui les touche leur point de vue sur la vie : ne pas agir, mais ne rien laisser inachevé[9]. La chatte se ramassa dans sa position hiératique de prêtresse, au point de paraître redevenue de marbre, et elle articula :

— Tu vas devoir parler à la grande assemblée.

Momo baissa les oreilles au souvenir de la piètre figure qu'il avait faite lors du rassemblement sur la montagne, comme n'avait pas manqué de le faire remarquer, à leur première rencontre, cette même chatte blanche.

— Mais cette fois-ci l'assemblée sera encore plus grande. Car il faudra qu'y participent aussi, afin de se prononcer et de délibérer en même temps que les animaux, les êtres humains qui dans la solitude, l'isolement et la lutte contre le virus répandu par la chauve-souris, ont chassé le germe de l'oubli et réveillé le souvenir. Ces justes se sont rappelé que les cheveux, les feuilles et les plumes des oiseaux sont une seule et même chose[10]. Que si les hommes, les bêtes fauves, les arbres, les poissons mènent tous une vie pure, ils deviendront prophètes, poètes, médecins et chefs sur la Terre, et pour finir dieux immortels[11].

La chatte aplatit ses pattes antérieures pour prendre la position du sphinx.

— Ils se sont révélés à nos yeux, nos yeux de bêtes, continua-t-elle, tandis que le corbeau acquiesçait, même s'ils ne se sont pas encore révélés les uns aux autres, n'assumant leur partie animale qu'au-dedans d'eux-mêmes. Certains d'entre eux, transformant aussi leur aspect physique, sont devenus des animandres, des hybrides sacrés. Comme toi, mais en suivant le parcours inverse : alors que toi, de chien que tu étais, tu es devenu en partie le maître que tu aimais, eux, les êtres humains, ils sont devenus en partie des animaux, se mélangeant à la nature après s'être aperçus qu'ils l'aimaient. Parce que dans toute métamorphose, c'est toujours le désir qui s'exprime, c'est l'union amoureuse qui se manifeste, celle-là même qui maintient ensemble l'âme du monde. Parce que les arbres, les hommes, les fauves, les oiseaux naissent de la dissension entre la haine et l'amour. Dans l'une tout est difforme, dans l'autre tout se réunit[12].

Il y eut une pause, puis Momo retrouva sa voix :

— Et où sont-ils, ces justes ? ces illuminés ? ces… hybrides ? demanda-t-il en se tournant tour à tour vers la chatte et vers le corbeau.

— Ces animandres, corrigea l'oiseau, à bec fermé.

— Ou ces philelfes, comme on les appelle dans l'antique langage utilisé avant la tour de Babel, précisa la chatte. À en juger par les repérages notés à notre époque, ajouta-t-elle, et de nouveau le corbeau opina, ils sont encore plus nombreux qu'au cours de l'ère à laquelle appartient ce temple.

Et elle se démancha le cou pour se lécher l'épaule.

— À la grande assemblée, il faudra que tu parles en leur nom.

— Mais, répondit au bout d'un instant de réflexion le cynocéphale, s'ils sont si nombreux et répandus sur la Terre entière, comment ferons-nous pour convoquer l'assemblée ?

— C'est à moi d'y penser, croassa le corbeau vexé, bien entendu.

Momo se reprit, avec prudence :

— Je voulais dire, comment arriveront-ils là-bas ? Le voyage est long et le temps nous est compté.

— Ne t'inquiète pas, sourit la chatte blanche. Ce sera fait par ceux qui se sont chargés de te transporter ici.

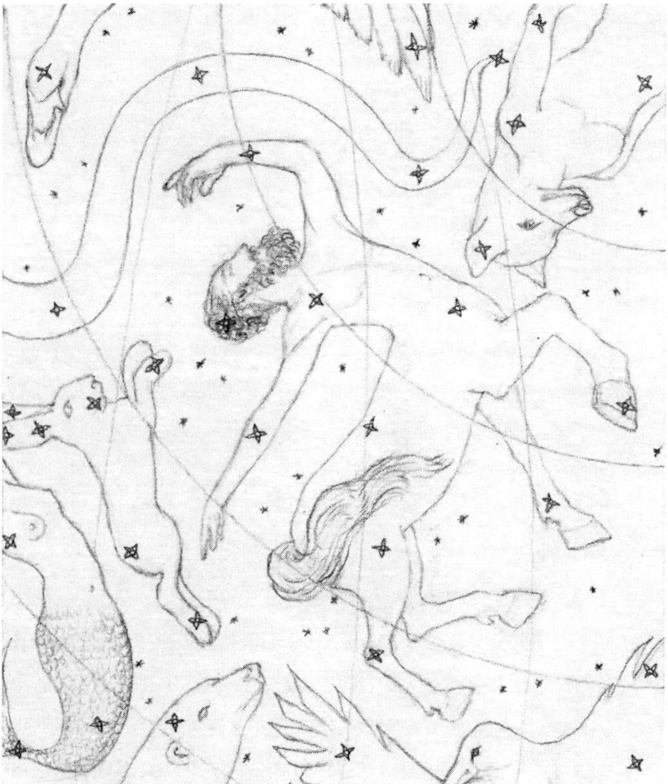

Chapitre 12

LA VOIX DES ÉTOILES

Toutes les nuits, en se réveillant et en traînant sa grande carcasse hors des profondeurs de son antre, Maman Ourse est animée par une certitude : son petit est couché auprès d'elle, veillé par la Girafe et par le grand serpent qui glisse, s'insinuant comme un fleuve autour et au milieu de la mère et de son bébé[1]. Le caressant des yeux, elle s'attendrit en regardant sa queue, nettement plus longue que celle des autres ours et, comme la sienne du reste, peut-être un peu disproportionnée[2], mais ornée à l'extrémité d'une auréole si lumineuse qu'on dirait de loin un fanal indiquant l'adresse lointaine, toujours la même, nuit après nuit, année après année, où son berceau se balance le long des rails courbes de la voûte obscure[3]. Si par une nuit d'hiver – ou de toute autre saison – un voyageur[4] était désorienté par les migrations cycliques et les absences régulières des animaux voisins de la maison de l'ourse, il retrouverait toujours son chemin, grâce à l'extrémité de la queue de l'ourson.

Les gardiens nocturnes aiment à se réveiller quand meurt la lumière du jour et à se tourner vers la sainte, l'ineffable, la mystérieuse nuit. À ce moment-là, le monde gigantesque des constellations respire comme l'âme la plus profonde de la vie, et celui des hommes gît bien loin, perdu dans un profond abysse, désolé et désert[5]. Tandis que la Grande Ourse s'allongeait, se posant presque sur le feuillage des arbres[6], en haut à droite la chevrette, encore engourdie, se penchait, curieuse, hors de la voiture du Cocher et plus bas les Chiens de chasse frémissaient, se préparant non pas à la poursuite du Lynx inatteignable ou de la minuscule renarde, mais à la nouvelle entreprise. Dans leur repaire, le Lion et le lionceau bâillaient, la gueule béante, sur le qui-vive. Tout en bas, le Loup, impatient, parcourait sa grande enceinte d'ombre et le Scorpion dressait nerveusement la queue. À gauche le petit Serpent se tordait, l'Aigle fixait le noir horizon, le Dauphin arquait son dos, le Poulain piaffait sous le regard bienveillant du cheval ailé. À côté de lui, le Lézard perplexe battait des paupières. Au-dessous du Lézard, le Cygne se dégourdissait, étirant le cou et ouvrant les ailes.

Depuis que la Terre existait, les constellations avaient orienté les pèlerins et les navigateurs, qui, en scrutant le ciel étoilé, comptaient sur elles pour leur indiquer la route à suivre sur les ondulations du désert et les plaines de la mer. À présent, elles savaient toutes, où qu'elles eussent fixé leur demeure sur la voûte azurée dans laquelle tournait l'éternelle roue de leur moulin, que la nuit à laquelle elles se préparaient pouvait être la nuit du destin[7], comme lorsque la Voie lactée naquit du sillage de l'étoile que Phaéton heurta dans sa course sur le char du soleil[8], ou lorsque la couronne d'Ariane, qui préféra au règne de la raison celui de la nature, fut lancée dans le ciel par Dionysos afin d'y allumer la constellation boréale qui porte encore son nom.

Ce fut la Petite Ourse qui, en ouvrant les yeux, aperçut, au loin, avec un cri d'excitation, les longues échelles partant de la Terre pour se tendre vers la Lune. Chacune était semblable à celles peintes par les anciens maîtres des icônes, car ils imaginaient ainsi le chemin du ciel, ou à celles que transportaient les bateliers du temps jadis, ramant jusque sous la Lune pour monter y prendre le lait épais qui se formait entre les écailles de sa surface[9]. Car, depuis toujours, l'homme a cherché à atteindre la Lune. Certains se servent d'une échelle, d'autres se font projeter étreignant un boulet de canon, d'autres encore voyagent à bord de grands vaisseaux astraux, ou bien plantent un haricot qui croît et s'enroule autour de son croissant[10]. Mais jamais aucun d'entre eux n'a connu le passage secret révélé aux animaux de tous les coins de la Terre par leurs semblables peuplant, comme autant de jungles, steppes ou savanes, les fertiles et populeuses étendues étoilées.

Les ancêtres perpétuent l'idée que les grands héros, qu'ils soient hommes ou bêtes ou un peu des deux, doivent monter au ciel et se transformer en figures astrales, éternelles et immuables ; que c'est justement là le point d'arrivée du voyage de chaque héros ; que dans les constellations, dont le firmament est criblé, se transmettent en un seul alphabet de signes et de rapports, compréhensibles à tout ce qui vit, les images qui tissent l'unique histoire du monde. Mais on ne sait pas vraiment si, à l'origine, ces lions et ces cygnes, ces dauphins et ces lynx, ces aigles et ces ours furent en effet des créatures mortelles montées parmi les étoiles, ou si, au contraire, leurs semblables sublunaires furent leurs fils et filles, tombés un jour sur la Terre, afin d'assurer parmi ses habitants l'éternel retour de ces mythes et le cycle infini de ces entreprises.

— Regardez, les revoilà[11] ! s'exclama la Petite Ourse. Un par un, d'un pas incertain, à moitié endormis.

— Oui, dit en écho le Lynx, comme des flocons de neige qui hésitent et palpitent au vent.

— Eux, avec des ailes ! glatit l'Aigle. Avec des museaux de chien en argent, qui reniflent l'air.

— Eux, hennit Pégase, le plus impatient, à l'odorat subtil, des âmes de sang.

Les bêtes astrales s'annonçaient les unes aux autres l'arrivée des justes dans un concert de voix, faisant résonner l'éther et rebondissant vers le haut à travers les sphères célestes jusqu'à atteindre les étoiles fixes. Quelques philosophes croient que le mouvement des astres produit une harmonie, et la folie des hommes, regrettait un savant hollandais, est arrivée à un point tel qu'elle les persuade que leur Dieu, lui aussi, se délecte de musique[12]. Il s'agit d'une théorie discutée, et à coup sûr contestable. Mais que chaque constellation possède une voix unique, n'importe qui peut en témoigner, de même qu'il est indubitable que le chant qu'émet tel ou tel signe du zodiaque agit sur ceux, bêtes ou hommes, nés sous son influence.

Mais comment décrire la musique à qui n'a jamais pu l'entendre ? Et comment rapporter, avec des paroles humaines, des discours échangés entre les étoiles ? Parce que séparés de leur chant, ceux-ci n'ont rien de sublime, mais font l'effet de phrases banales, comme le font les arcanes des tarots, séparés de leur secret et devenus jeux de cartes dans les tripots et les tavernes.

— Regardez, aboyèrent les Chiens de chasse. C'est un de nos fils qui guide l'escalade des justes.

— C'est vrai, mais il n'a que la tête du chien, observa le Lynx à l'œil légendaire, le reste de son corps est humain.

— Et l'animandre qui, sur cette autre échelle, vient à la suite de la chatte blanche, servante de la Lune, ce n'est pas mon fils peut-être ? tonna, en prenant la parole, le Centaure jusque-là assoupi, portant sur lui la triple gemme qui montre la route vers d'autres mondes.

— Si fait, sage maître des maîtres, de même que celle que nous voyons depuis notre horizon, déclara le Dauphin loquace, n'est plus seulement une femme, mais nage comme mes sœurs dans la mer.

La queue de la sirène se tordait comme une tresse d'argent à contre-jour devant l'immense disque de la Lune sur lequel, l'un après l'autre, les voyageurs essaimaient, guidés par Momo et la chatte blanche. Quand les interminables cordées atteignirent le sommet et que le dernier scarabée fut descendu de l'échelle qui menait à la Lune depuis les diverses latitudes de la Terre, les justes prirent leurs quartiers à l'abri d'un des cratères, au bord de cette étendue d'eau nommée mer de la Tranquillité. Alors commença le rite. La chatte blanche se tourna vers le grand théâtre céleste aveuglant de lumières et, tandis que chaque voyageur terrestre se reflétait en totalité ou en partie dans les figures astrales, elle les invoqua :

— Bêtes du ciel, ma voix n'est pas digne de votre chant. Les paroles qui se pressent en moi, drues comme la pluie, se perdent comme autant de ruisseaux dans l'univers.

Joignant ses pattes antérieures, elle prit sa position hiératique et miaula :

— Ooommm. Que rien ne brise l'harmonie du monde.

Cette même prière fut reprise à voix basse par les déploiements de justes, chacun avec son chant propre, ni animal ni humain.

— Vous, feux célestes, qui dansez devant des millions d'yeux comme un grand manège au-dessus et au-dessous de l'univers, miaula-t-elle encore, puis ayant répété le mantra Om et la prière, une fois que lui eut de nouveau fait écho, d'une voix plus forte, le chœur des animandres, elle continua : Offrez-nous votre amour sans mesure qui éclaire les mondes de soleils infinis, faites-nous traverser sur votre dos les sentiers de l'univers. Portez-nous, avec la vitesse de votre lumière, au lieu de la grande assemblée.

Tous ensemble, ils répétèrent pour la troisième fois le mantra et la prière, puis le silence revint sur la Lune et à travers l'éther.

Les voyageurs cantonnés à leur place, moitié hommes et moitié animaux, se taisaient. Momo et la chatte blanche se taisaient, les astres se taisaient, faisant palpiter tantôt une de leurs étoiles, tantôt une autre. Comme il arrive parfois, lorsque le silence se fait dans une réunion d'adultes, ce fut la voix d'une enfant qui le rompit, la voix de la Petite Ourse :

— Mais bien sûr que nous allons vous donner le passage, s'exclama-t-elle dans le vide des cieux.

Puis voyant les sourcils froncés des autres constellations, elle se tourna suppliante vers la Grande Ourse :

— Dis, maman, on va le faire, hein ? On a déjà transporté le chien-homme.

S'il existe un royaume dans lequel les hiérarchies de chaque ordre et grade sont respectées, c'est le royaume des cieux. Ce n'est ni par obligation ni par commandement, mais par choix, que les étoiles et les planètes décident leur obéissance éternelle aux lois de l'univers. Et depuis toujours chacune d'elles a élu reine la Grande Ourse, parce que avant de s'installer au ciel, elle est aussi la première d'entre elles à ne pas connaître de coucher et à montrer à toute heure et en toute saison, par l'éclat de son œil fixe, la direction de l'étoile Polaire. Quelle mère est plus indulgente envers sa fille que celle qui, toute seule avec elle dans la nuit des temps, s'installa parmi les feux encore informes et anonymes du ciel ? Du reste, transporter d'un point à un autre du monde un seul animandre ou des milliers n'exigeait pas une trigonométrie trop différente de celle appliquée à chaque déplacement d'essaims de météorites, que les petits des constellations appellent des étoiles filantes. Et quel bambin n'aime pas les feux d'artifice ? Alkaid, Mizar et Alioth scintillèrent tour à tour. La Grande Ourse, tout le monde le vit, dodelina de la tête. C'était un oui.

En un instant, sur la surface lunaire, on dressa des toboggans à destination du zodiaque et des autres constellations. Momo, avec ses longues jambes humaines, courait de l'une à l'autre rampe, en aboyant pour inciter les animandres à former des files. La subdivision avait été rapidement arrangée entre les étoiles et la chatte blanche. Tous les êtres volants, qu'ils fussent hommespapillons aux ailes multicolores fermées comme les fines pages d'un livre, ou petites harpies au visage de femme et au corps d'oiseau, ou bien ces justes qui, ayant gardé presque intacts leurs corps humains, avaient vu un matin percer les ailes couvertes de plumes que les peintres anciens prêtaient aux anges, voyagèrent à travers la constellation de Pégase. Ceux qui au cours de la métamorphose avaient pris les traits de créatures marines, qu'il s'agît de sirènes ou d'ichtyocentaures, depuis toujours plus intimement liés aux poissons qu'aux chevaux, ou d'autres animandres qui avaient développé des écailles, ou des nageoires, ou des branchies cachées à cause de leur grand amour des océans ou de leur pitié pour les agonies dont frémissent les étals des marchands de poisson, furent transportés par le Dauphin.

On attribua automatiquement au Scorpion les hommes-scorpions, vieilles gloires de l'épopée de Gilgamesh[13], mais aussi les justes qui, en tissant et retissant leurs projets sans cesse lacérés, partageaient désormais leur corps et leur âme avec l'araignée, pêcheuse de l'air, ou ceux qui, contraints de se défendre contre la sottise humaine, comme des chevaliers errants munis d'une cuirasse et d'une épée, avaient pris des coquilles, des aiguillons et d'autres armes tranchantes, finissant par devenir semblables aux insectes circonspects, symboles des faibles qui se défendent tout seuls.

Un groupe mélangé de chamans en éternelle transformation s'embarqua sur le Lynx, et une équipe hétérogène de travailleurs asiatiques réduits en esclavage, auxquels l'exaspération unie à l'amour de la tradition avait fait prendre l'aspect des antiques hybrides chinois (*tchiang-liang*, tête de tigre et visage d'homme, *Tch'ou T'i*, avec une tête sur tous les côtés, *hsiao*, visage d'homme et corps de singe, *hui* des montagnes, visage humain et corps de chien[14]), se déplaça en bon ordre, multipliant les saluts, sur le Dragon. Les cynocéphales, avec qui voyageait Momo, furent transportés parmi les derniers sur les Chiens de chasse. On confia à la Grande Ourse et à la Petite Ourse les mères avec leurs petits, auxquelles se joignit la chatte blanche, au cas où il y aurait besoin d'aide.

Sans tenir compte de la propagation de la pensée qui, si instantanée soit-elle, ne se mesure pas, les pères modernes de la physique prétendent que la vitesse maximale à laquelle peut voyager dans l'univers n'importe quelle information est celle de la lumière. Ce fut donc à cette vitesse que furent traînés les justes animandres qui devaient participer à la grande assemblée, aussi nombreux que des lucioles par une nuit de plein été, aussi lumineux que des flambeaux sur le Bosphore le soir de la fête du Prophète. Et comme le Prophète lors de son voyage céleste galopait sur son cheval à visage de femme, ainsi glissaient les sphinx aux ailes déployées et les hiéracocéphales sacrés au bec de faucon, portés par l'aquilon qu'Altaïr, Tarazed, Alshain et ses compagnes tendaient dans le vent de l'éther, longeant l'essaim blanc de la Voie lactée. Cheveux et barbes au vent, comme des crinières, les centaures chevauchaient, en caracolant et en se cabrant, le dos immense et étoilé de leur géniteur astral, fécond en galaxies, qui renouvelle à tout jamais son salut au soleil, rampant, au sens héraldique du terme, pour soulever le sabot sur lequel resplendit Rigil, la pierre la plus précieuse, son alpha.

Ce fut ainsi, en voyageant par le zodiaque, que les animandres furent portés jusqu'à la grande assemblée qu'entre-temps avait convoquée le corbeau. Quand la Lune redevint déserte, il resta le seul passager qui ne se décidait toujours pas à partir. Il accorda un dernier regard au globe azuré de la Terre. C'était vrai, ce que disaient les rares humains qui l'avaient vue de là-haut : belle, mais fragile. Il ne s'attarda pas davantage et monta sur la constellation qui portait son nom. Le corbeau vint le dernier.

Voici, la grande assemblée est commencée. Pardonne-moi si à présent j'en détache le regard et me tourne vers toi. Je peux te dire que Momo parle au nom des animandres et s'en sort plutôt bien. La montagne est bondée, de même que la baie. De nouveaux participants arrivent d'heure en heure. Dans le lieu secret où seuls se réunissaient auparavant les animaux, des hommes, des femmes et des enfants sont à présent invités, et peu importe qu'ils aient ou non de vraies ailes d'oiseau ou des nageoires de poisson ou des oreilles de chien ; il faut seulement qu'ils les sentent en eux et qu'ils aient compris, comme le soutenait Plutarque, que chaque vertu existe chez les animaux dans une plus ample mesure que chez les plus grands savants[15]. Tu fends du bois, l'âme du monde est à l'intérieur, tu soulèves une pierre et tu la trouveras dessous[16]. Qui sont-ils, où se cachent-ils, comment les voir ? Voilà ce que tu voudrais me demander, je le sais. Mais moi, après avoir éparpillé les paroles de tant d'entre eux qui se sont succédé au fil des siècles, maintenant je dois me taire. Sache, toutefois, que les nouveaux justes sont partout, confondus avec le commun des mortels, disséminés dans le monde entier, perdus au milieu de mille travaux, mille difficultés, mille problèmes, occupés à reconstruire humblement, tous les jours que durera la Terre[17], une nouvelle arche. Peut-être l'un d'entre eux tient-il à ce moment précis ce livre entre ses mains, peut-être est-il en train de le lire. Peut-être est-ce toi, lecteur arrivé à ces dernières paroles qui ne peuvent rien être d'autre que : *de te fabula narratur*. Parce que depuis toujours la fable parle de toi. C'est toi, lecteur, l'auteur de celle-ci et de la prochaine.

Notes

Le rassemblement des animaux

1. « Le corbeau vient le dernier » : rappel du titre du roman d'Italo Calvino *Ultimo viene il corvo* (*Le corbeau vient le dernier*), publié en Italie en 1949.

2. « ce qui se trouve en haut [...] sont une seule chose » : Hermès Trismégiste ; l'édition princeps figure dans *De alchimia* de Chrysogonus Polydorus (sans doute un pseudonyme d'Andreas Osiander), publié à Nuremberg en 1541. L'édition moderne de référence est Hermès Trismégiste, *La Table d'émeraude et sa tradition alchimique*, sous la direction de D. Kahn, Les Belles Lettres, Paris, 1995.

3. « cette vaine et incessante fuite de soi-même » : Lucrèce, *De rerum natura*, III, 1063-1069.

4. « la mer blanchissante » : expression homérique, *L'Iliade*, I, 350, 359 ; IV, 248, etc. ; *L'Odyssée*, II, 261 ; IV, 405 et 580 ; V, 410, etc.

5. « le loup séjournera [...] avancera la main » : Isaïe, 11, 6-8.

6. « aux tigres, rois de la symétrie » : William Blake, *The Tyger*, in *Songs of Experience* (*Chants d'innocence et d'expérience*), 1794.

7. « *Brekekekex-koax-koax* » : Aristophane, *Les Grenouilles*, v. 209-210.

L'ASSEMBLÉE DES ANIMAUX

1. « Les stridulations [...] bourdonnements » : la plus longue liste lexicographique des sons émis par les animaux se trouve chez Suétone, *Liber de naturis rerum* (*in* C. Suetonius Tranquillus, *Praeter Caesarum Libros Reliquiae*, éd. A. Reifferscheid, Teubner, Leipzig, 1860, p. 247-54), œuvre perdue dont les témoignages fragmentaires sont repris d'une compilation médiévale ; c'est de cette tradition antique, dont on trouve aussi des traces dans la *Satyre ménippée* de Marcus Terentius Varro, que s'inspire sans doute, ironiquement, François Rabelais dans *Gargantua* et *Pantagruel*.

2. « Amis, animaux, citoyens du monde » : William Shakespeare, *Jules César*, acte III, scène 2 (début de l'éloge funèbre de César par Marc Antoine).

3. « ce n'est qu'avec nos sabots qu'il peut prendre les chemins de la Lune » : Apulée, *Les Métamorphoses* ; la transformation de Lucius en âne figure dans I, 24 ; la contemplation de la Lune et le dialogue avec elle dans XI, 1-5.

4. « qu'avec nos oreilles qu'il peut entendre le rappel de la loi morale » : Carlo Collodi, *Les Aventures de Pinocchio. L'histoire d'une marionnette*, 1902, amplement inspiré

d'Apulée, *Les Métamorphoses* ; la transformation en âne figure au chap. XXXII.

5. « dans la royauté olympienne de leurs yeux » : allusion à l'expression homérique « la vénérable Héra aux yeux de génisse », *L'Iliade*, I, 551 ; VIII, 471 ; XIV, 222 ; XV, 49 ; XVIII, 357 ; XX, 309, etc.

6. « l'ours est un gentilhomme […] et se soit vengé » : Daniel Defoe, *Robinson Crusoé*, 1719.

7. « il y a une parenté […] selon leurs liens » : Origène, *Homélies sur le Lévitique*.

8. « nous exécutons les préceptes […] à coups de coude » : W. H. Auden, *Address to the Beasts,* v. 16-24, 1973.

9. « Nous ne supplions pas, nous ne demandons pas grâce, nous ne nous croyons jamais vaincues » : Plutarque, *Manger la chair – Traité sur les animaux.*

10. « Nous ne laissons pas voir que nous nous savons condamnées » : Auden, *Address to the Beasts*, *op. cit.*, v. 64-65.

11. « nous vivons en nous tenant loin des illusions comme de la haute mer » : Plutarque, *Manger la chair*, *op. cit.*

12. « Les hommes disent […] le sens commun » : Auden, *Address to the Beasts*, *op. cit.*, v. 46-48.

Le témoin

1. « J'ai arrêté une dame […] donné à boire » : inspiré par l'épisode dont la vidéo l'attestant a été postée sur

Instagram à la fin de décembre 2019 par Anna Heusler, bikebug2019.

La stratégie de la souris

1. « Assis sous un pont, le roi des souris se tâtait » : *Sally*, texte et musique de Massimo Bubola et Fabrizio De André. (« *Seduto sotto un ponte si annusava il re de topi.* ») © 1978 pour Universal Music Publishing Ricordi Srl. Tous droits réservés pour tous les pays. Reproduit avec l'aimable autorisation de Hal Leonard Europe Srl.

2. « certains autres experts de l'âme humaine [...] la peste » : en débarquant à New York, le 27 septembre 1909, Sigmund Freud déclara à Carl Gustav Jung et Sándor Ferenczi : « Nous apportons la peste et ils ne le savent pas encore. »

3. « le bacille de la peste [...] ville heureuse » : Albert Camus, *La Peste*, Gallimard, Paris, 1947.

L'aigle prêche, le lion rugit

1. « Au commencement était le cri, et le cri c'est moi » : Évangile selon saint Jean, 1, 1.

2. « selon leur hiérarchie céleste » : allusion au *De Coelesti hierarchia* (*La Hiérarchie céleste*) du Pseudo-Denys l'Aréopagite.

3. « Sous les trônes [...] au bord du lac » : la subdivision de la hiérarchie migratoire en oies, cygnes,

tadornes casarca, canards jusqu'aux pluviers est mentionnée par Vladimir Arseniev, *Dersou Ouzala* (1929) ; disposition et dénomination sont librement tirées de celles des intelligences célestes précisées chez le Pseudo-Denys l'Aréopagite.

4. « les grades inférieurs [...] grades supérieurs » : Pseudo-Denys l'Aréopagite, *La Hiérarchie céleste, op. cit.*

5. « il n'y a rien de nouveau sous le soleil » : Ecclésiaste, 1, 9-10.

6. « Le destin des hommes [...] sur les bêtes » : Ecclésiaste, 3, 19-20.

7. « Il est vrai que le cœur de l'homme [...] tout s'éteindra » : Ecclésiaste, 9, 5-6.

8. « Mieux vaut un chien vivant qu'un lion mort » : Ecclésiaste, 9, 4.

9. « Nous si peu nombreux [...] guerre sainte » : William Shakespeare, *Henry V*, acte IV, scène 3 (tirade de la Saint-Crépin).

Le dilemme du chien

1. « Montmorency » : allusion au chien créé par Jerome K. Jerome dans *Three Men in a Boat (To Say Nothing of the Dog)* (*Trois hommes dans un bateau*), 1889.

2. « quand il revenait d'une longue guerre [...] deux jeunots » : Homère, *L'Odyssée*, XVII, 290-329 (le chien Argos).

AINSI CHANTA LA BALEINE

1. « J'ai souvent vu un chat privé de sourire, mais là, j'ai presque l'impression de voir un sourire privé de chat » : Lewis Carroll, *Alice's Adventures in Wonderland* (*Alice au pays des merveilles*), 1865 (découverte du chat du Cheshire).

2. « Gare au canari [...] de parler beau ! » : comptine librement inspirée du poème de T. S. Eliot, *Growltiger's Last Stand*, dans *Old Possum's Book of Practical Cats* (*Le Guide des chats du vieil opossum*), 1939.

3. « par les oiseaux suspendus dans le ciel et par les animaux tapis sur la terre, tous animés par un souffle de vie » : Genèse, I, 30.

4. « des routes liquides » : expression homérique : *L'Iliade*, I, 312 ; *L'Odyssée*, III, 71 ; IV, 842 ; IX, 252 ; XV, 474.

5. « la mer blanchissante » : expression homérique, *L'Iliade*, I, 349 ; XIII, 681 ; XIV, 30 ; XIX, 266 ; XXI, 58 ; *L'Odyssée*, II, 260 ; IV, 579 ; IX, 131 ; XII, 179 ; XXIII, 235, etc.

6. « la couleur du vin » : expression homérique (la mer couleur de vin), *L'Iliade*, II, 613 ; V, 771 ; VII, 88 ; XXIII, 316. *L'Odyssée*, I, 182 ; IV, 474 ; V, 221 ; XII, 388 ; XIX, 274, etc.

7. « Elle avait le front [...] la nageoire droite » : Herman Melville, *Moby Dick,* 1851.

8. « sur la terre noire » : expression homérique, *L'Iliade*, II, 699 ; XIII, 655 ; XVII, 416 ; XX, 494 ; *L'Odyssée*, XI, 364 ; XIII, 427 ; XIX, 111, etc.

9. « la mer se gonflait [...] imputables à l'homme » : Melville, *Moby Dick*, *op. cit.*

10. « comme un grand mur blanc » : Melville, *Moby Dick*, *op. cit.*

11. « Que ceux qui servent de fausses idoles [...] rejetés sur la Terre » : librement inspiré de l'Évangile selon saint Jean, 2 : 3-10.

Que faire ?

1. « ce cinéaste anglais » : Alfred Hitchcock, *The Birds* (*Les Oiseaux*), 1963.

2. « les aigles [...] dans ses mythes » : pour le mythe de Ganymède enlevé par Zeus sous la forme d'un aigle, Ératosthène, *Catastérismes*, I, 30 (sur la constellation de l'Aigle, où fut emporté Ganymède, qui devint le Verseau) ; Pseudo-Apollodore, *La Bibliothèque*, 3, 141 (*idem*) ; Lucien, *Dialogues des dieux*, 4 (dialogue entre Zeus et Ganymède).

3. « Il y a plus de choses [...] concevoir » : William Shakespeare, *Hamlet*, acte I, scène 5 (Hamlet à Horatio).

4. « Nos oiseaux [...] à l'ombre » : Plutarque, *Apophtegmes laconiens* (phrase de Léonidas aux Thermopyles : un de ses hommes lui ayant dit : « Les flèches de l'ennemi obscurciront le soleil », il répondit : « Tant mieux, nous combattrons à l'ombre »).

5. « l'esprit du temps [...] fait irruption à cheval » : Georg Wilhelm Friedrich Hegel, *Correspondance* (lettre à

Friedrich Immanuel Niethammer sur l'entrée de Napoléon à Iéna, le 13 octobre 1806).

6. « envoie voler [...] qui joue » : Héraclite, éd. Diels-Kranz, fragment 22 B 52.

Le retour du corbeau

1. « un homme âgé et barbu » : la légende des Tchouktches sur le dieu-corbeau Kutk, *in* G. A. Menovchikov, Сказки и мифы народов Чукотки и Камчатки (*Récits et mythes des peuples de la Tchoukotka et du Kamtchatka*), Nauka, Moscou, 1974.

2. « Jamais plus » : refrain dans le poème d'Edgar Allan Poe *The Raven (Le Corbeau),* 1845.

3. « l'aurore [...] doigts de rose » : expression homérique (l'aurore aux doigts de rose), par exemple dans *L'Iliade*, I, 477 ; VI, 175 ; XXIV, 788 ; *L'Odyssée*, II, 1 ; IV, 431.

4. « pour deux yuans » : *Had Gadya* (*Un agneau*), chanson que chantent traditionnellement les petits enfants à la fin du *séder* de Pessa'h, la pâque juive. (Un agneau que mon père avait acheté pour deux sous.)

Les alliés de l'homme

1. « Les deux bipèdes [...] sans plumes » : ces mots sont attribués à Platon par Diogène Laërce, *Vies, doctrines et*

sentences des philosophes illustres, VI, 2, 41, et repris par des auteurs latins plus tardifs. Boèce transforma ensuite « sans plumes » en « rationnel ».

2. « qui ne peut être contenue dans aucun vase » : Platon, *La République*, X, 621 (mythe d'Er).

3. « à la façon dont le caillé fixe et lie le lait blanc » : Empédocle, éd. Diels-Kranz, fragment 33.

4. « le *ghee* sacré » : la cosmographie des *Purana*, selon laquelle il existe sept continents, séparés par des océans circulaires concentriques, dont les plus extérieurs sont faits de beurre clarifié (*ghee*), caillé, lait et eau douce ; mais aussi le mythe du fouettage ou du barattage de l'océan (*samudra manthan*) de lait, qui revient dans le *Mahabharata*, XVII-XIX, dans le *Vichnou Purana*, I, 9, dans le *Ramayana*, XLV, et encore ailleurs.

5. « poisson muet frétillant dans la mer » : Empédocle, éd. Diels-Kranz, fragment 21.

6. « singe nu » : allusion au titre de Desmond Morris *The Naked Ape: A Zoologist's Study of the Human Animal* (*Le Singe nu*), 1967.

7. « chaque chose [...] une autre » : inspiré d'Empédocle, éd. Diels-Kranz, fragment 21.

8. « tes prophètes [...] notre sommeil » : allusion à la légende de Mahomet avec la chatte Muezza.

9. « l'humanité se mit [...] qu'avec la mort » : Thomas Hobbes, *Leviathan*, I, 11, dans *Hobbes's Leviathan*, réimprimé à partir de l'édition de 1651, Clarendon Press, Oxford, 1909, p. 75.

10. « ne trouvent pas le bonheur […] un objet à un autre » : Hobbes, *Leviathan*, I, 11, in *Hobbes's Leviathan*, *op. cit.* p. 75.

11. « L'âme des animaux […] vertu » : Plutarque, *Manger la chair*, *op. cit.*

12. « Contrairement à ce qui se passe […] bien universel » : Hobbes, *Leviathan*, II, 17, in *Hobbes's Leviathan*, *op. cit.*, p. 141.

La grande quarantaine

1. « curieux […] plus curieux » : Lewis Carroll, *Alice au pays des merveilles*, *op. cit.*, chap. 2.

2. « capable de résister à tout, sauf à la tentation » : l'aphorisme d'Oscar Wilde (« *I can resist everything except temptation* »).

3. « La chatte blanche » : le conte de Mme d'Aulnoy *La Chatte blanche*, 1698.

4. « À ce qu'on dit, chaque chat aurait trois noms » : cf. T. S. Eliot, *The Naming of Cats*.

Il en mourra des milliers

1. « Momo, qui ne lisait […] graves ennuis qui se tramaient » : Jack London, *The Call of the Wild* (*L'Appel de la forêt*), 1903.

2. « tous les chiens […] Dieu sait où » : Jack London, *L'Appel de la forêt*, *op. cit.*

3. « *Vox canis, vox Dei* » : allusion à l'expression « *Vox populi, vox Dei* », Alcuin, *Capitulare admonitionis ad Carolum*, § IX, *in* Stephani Baluzii (Étienne Baluze), *Miscelleanea*, I, Muguet, Paris, 1678, p. 376.

4. « Il émit [...] tout son corps » : Rabelais, *Le Tiers Livre*, chap. XX.

5. « chien perdu sans collier » : allusion au titre du roman de Gilbert Cesbron *Chiens perdus sans collier*, 1954.

6. « on se croit [...] méditation » : Daniel Pennac, *La Fée Carabine*, 1987.

7. « Aucune méthode [...] faire ce qui doit être fait » : Henry David Thoreau, *Walden or Life in the Woods* (*Walden ou la Vie dans les bois*), 1854.

8. « Momo reprit donc [...] habitudes perdues » : Rudyard Kipling, *If*, 1895, v. 17-20, in *Rewards and Fairies*, 1910.

9. « Quel est l'être [...] trois jambes le soir » : l'énigme du Sphinx figure chez Pseudo-Apollodore, *La Bibliothèque*, III 5, 8 ; cf. aussi Diodore de Sicile, *Bibliothèque historique*, IV, 64, 3 et Athénée de Naucratis, *Les Déipnosophistes* X, 456b.

10. « Tout doux, tout doux [...] en ce moment » : Friedrich Nietzsche, *Also sprach Zarathustra. Ein Buch für Alle und Keinen* (*Ainsi parlait Zarathoustra*), 1885, quatrième partie.

11. « Sa voix sonne [...] le cœur dans la poitrine » : Sappho, *Poèmes*.

12. « semblable à un navire [...] mon âme ? » : Nietzsche, *Ainsi parlait Zarathoustra*, *op. cit.*

Avril, le mois le plus cruel

1. « alcyons [...] qu'un miroir » : Walter Pater, *Marius the Epicurean* (*Marius l'Épicurien*), 1885.

2. « notes pleines de tristesse et de larmes qu'émettaient les alcyons » : Pater, *Marius l'Épicurien*, *op. cit.*

3. « Avril est le mois le plus cruel, il confond mémoire et désir » : T. S. Eliot, *The Waste Land* (*La Terre vaine*), 1922, I, *The Burial of the Dead*, v. 1-3.

4. « dans la clarté [...] cornes de l'animal » : la légende hagiographique de saint Eustache que l'on peut lire dans sa *Vie*, telle que l'a rapportée Jacques de Voragine dans sa *Légende dorée*.

5. « Il faut avoir du courage et épouvanter ce qui t'épouvante » : souvenir de Walt Disney, *Bambi*, 1942.

6. « la nature en guise de temple » : Charles Baudelaire, *Correspondances*, 1857. « La nature est un temple où de vivants piliers/laissent parfois sortir de confuses paroles ;/ l'homme y passe à travers des forêts de symboles/qui l'observent avec des regards familiers. »

Les mères

1. « Maman Cane » : allusion indirecte au recueil de contes de Charles Perrault, *Les Contes de ma mère l'Oye*, 1697, puisque les deux oiseaux sont des anatidés ; voir aussi la transposition de Maurice Ravel, *Ma mère l'Oye*, 1908.

2. « La province existe […] c'est dans l'âme » : aphorisme de Pitigrilli.

3. « comme sur la couverture […] d'insectes » : allusion aux Beatles, *Abbey Road*, 1969.

4. « les règles affectées à cette partie de l'univers » : « *le regole assegnate a questa parte di universo* », *Gli uccelli*, texte de Franco Battiato, musique de Franco Battiato et Giusto Pio. © 1981 par EMI Music Publishing Italia Srl. Turin. Tous droits réservés pour tous les pays. Reproduit avec l'aimable autorisation d'EMI Music Publishing Italia Srl et Hal Leonard Europe Srl.

5. « Laquelle a peur de l'obscurité […] peuple le ciel de dieux » : Giovanni Pascoli, *Il fanciullino*, 1897.

6. « sur l'eau du fleuve […] jamais la même » : Héraclite, éd. Diels-Kranz, fragment 91.

7. « hors de l'eau […] pattes palmées » : l'opinion du *Physiologos* grec, selon lequel la sirène a la moitié d'un corps de femme mais des pattes d'oie, ce qui fait d'elle un palmipède, plutôt mi-oiseau que mi-poisson.

8. « un rhéteur » : il s'agit de Libanios.

9. « une femme de lettres anglaise » : il s'agit de Virginia Woolf.

10. « une jeune fille pauvre et orpheline » : il s'agit de Cendrillon, dont le mythe extrêmement ancien est aujourd'hui principalement connu dans les versions de Giambattista Basile, *La gatta Cennerentola*, figurant dans *Lo cunto de li cunti*, 1634-1636, de Charles Perrault, *Cendrillon ou la Petite Pantoufle de vair*, 1697 et des frères Grimm, *Aschenputtel*, 1812.

11. « flottait comme un grand lys » : Arthur Rimbaud, *Ophélie*, 1870. « Sur l'onde calme et noire où dorment les étoiles/la blanche Ophélie flotte comme un grand lys. »

C'était au mois de mai

1. « C'était au mois de mai [...] dans la fontaine » : libre adaptation de la chanson de Salvatore Di Giacomo, *Era de maggio* (*C'était au mois de mai*), 1885.

2. « tous les problèmes [...] chambre » : Blaise Pascal, *Pensées*, Guillaume Desprez, Paris, 1670. « J'ai souvent dit que tout le malheur des hommes vient de ne savoir pas demeurer en repos dans une chambre. »

3. « notre monde [...] d'intelligence » : Platon, *Timée*, VI, 30b-30c.

4. « chaque vie humaine [...] de la nature » : Arthur Schopenhauer, *Die Welt als Wille und Vorstellung* (*Le Monde comme volonté et comme représentation*), 1819.

5. « désuni les genoux » : expression homérique, *L'Iliade*, XI, 579 ; XVI, 425, etc.

6. « Grande était la confusion [...] excellente » : Mao Zedong, lettre à sa femme, 8 juillet 1966.

7. « Ils la regardaient [...] arbre mort » : Albert Camus, *L'Étranger*, Gallimard, 1942.

8. « le médecin viennois [...] névroses » : il s'agit de Sigmund Freud, *Bemerkungen über einen Fall von Zwangneurose* (*Notes sur un cas de névrose obsessionnelle, l'homme aux rats*), 1909.

9. « On peut négocier sur tout dans les égouts » : hommage à Luis Sepúlveda, *Historia de una gaviota y del gato que le enseño a volar* (*Histoire d'une mouette et du chat qui lui apprit à voler*), Métailié/Seuil, 1996.

10. « C'est comme s'ils étaient morts [...] les ténèbres leur tiennent compagnie » : Psaumes, 88 (87), 16-19.

Flairer la mort

1. « Si la mort [...] en présence » : George Steiner, *Men and Beasts*, dans *My Unwritten Books* (*Les Livres que je n'ai pas écrits*), New Directions, New York, 2008.

2. « de la belle dame sans merci » : allusion à John Keats, *La Belle Dame sans merci*, 1819.

3. « Buck » : Jack London, *L'Appel de la forêt*, *op. cit.*

4. « aspiraient [...] à l'aurore » : Psaumes, 130 (129) *(De Profundis*), 6.

5. « tend l'oreille [...] enveloppée dans du coton » : Edgar Allan Poe, (*Le Cœur révélateur*, nouvelle), 1843.

6. « les sens suraiguisés » : Edgar Allan Poe, *Le Cœur révélateur*, *op. cit.*

7. « se reflètent [...] vole en éclats » : librement inspiré de Steiner, *Men and Beasts*, *op. cit.*

8. « ce qui restait [...] l'aurore » : Isaïe, 21, 11-12.

9. « cet homme [...] jusqu'au troisième ciel » : il s'agit de saint Paul (II Corinthiens, 12, 1-5).

10. « ce qui a été, ce qui est et ce qui sera » : expression homérique, par exemple, *L'Iliade*, I, 70.

11. « sa pensée [...] la moindre peur » : Giacomo Leopardi, *L'Infinito*, 1819, in *Canti*, Einaudi, Turin, 2016.

Ex-tinc-tion

1. « Ses yeux verts s'amincissaient [...] de fakir » : hommage à Colette, *Dialogues de bêtes*, 1904 ; *Chien et chat : croix et délices d'une vie commune*.

2. « Les hommes [...] peu perspicaces » : Empédocle, éd. Diels-Kranz, fragment 11.

3. « les forces logées [...] partie de la vie » : Empédocle, éd. Diels-Kranz, fragment 2, 1-3.

4. « Ils s'évanouissent comme des traînées [...] mal à comprendre » : Empédocle, éd. Diels-Kranz, fragment 2, 4 et 6-7.

5. « vivre [...] se dissoudre » : Empédocle, éd. Diels-Kranz, fragment 15.

6. « l'éternité infinie ne sera jamais vide » : Empédocle, éd. Diels-Kranz, fragment 16.

7. « fantaisie de petits mercures [...] son confort égocentrique : James Hillman, *Dream Animals*, 1997.

8. « L'animal [...] extravagant » : Carl Gustav Jung, *L'Analyse des visions : Le séminaire de 1930-1934*, sous la direction de C. Douglas.

9. « Se connaître lui-même » : il s'agit de la devise gravée sur le temple d'Apollon à Delphes (« Connais-toi toi-même »), mentionnée plusieurs fois chez Platon (cf. *Philèbe*, *Charmide*, *Protagoras*) et aussi Xénophon (*Les Mémorables*).

10. « chaque homme [...] dans sa tanière » : Lautréamont, *Les Chants de Maldoror*. « Chaque homme vit comme un sauvage dans sa tanière, et en sort rarement pour visiter son semblable, accroupi pareillement dans une autre tanière. »

11. « L'homme [...] animal politique » : Aristote, *La Politique*, 1253 et 1278b. « L'homme est par nature un animal politique. »

12. « Si l'enjeu est le bien commun [...] l'aide qu'il a reçue » : Francesco Guicciardini ou François Guichardin, *I Ricordi* (*Conseils et avertissements en matière politique et privée*), 1530.

13. « La grande famille [...] logique la plus médiocre » : Lautréamont, *Les Chants de Maldoror*, *op. cit.*

14. « Si tu ne connais [...] défaite assurée » : Sun Tzu, *L'Art de la guerre*.

15. « Il y a encore du bon chez lui » : rappel de la phrase adressée par Luke Skywalker à Obi-Wan Kenobi dans *Le Retour du Jedi*, George Lucas, 1983.

MÉTAMORPHOSES

1. « Il n'est pas dit [...] lorsqu'il décrivait » : Italo Calvino, *Le città invisibili* (*Les Villes invisibles*), 1972.

2. « nés [...] des dents d'un dragon » : il s'agit du mythe de Cadmos, Apollonios de Rhodes, *Les Argonautiques* ; déjà mentionné par Hellanicos et par Phérécyde d'Athènes.

3. « œufs à coquille d'argent » : allusion au mythe de la théogonie orphique.

4. « façonnés selon la nature des oiseaux » : Aristophane, *Les Oiseaux*, v. 779-821.

5. « allaités par des louves sur les rives de fleuves » : allusion au mythe de Romulus et Rémus, voir entre autres Tite-Live, *Ab urbe condita*, I, 4.

6. « soignés [...] taupinière » : en ce qui concerne Asclépios et sa nature de taupe, H. Grégoire, avec la collaboration de R. Goossens et de M. Mathieu, *Asklèpios, Apollon Smintheus et Rudra. Études sur le dieu à la taupe et le dieu au rat dans la Grèce et dans l'Inde*, Palais des Académies, Bruxelles, 1949.

7. « nourris par des corbeaux sur les grèves de torrents » : allusion à l'épisode biblique d'Élie nourri par des corbeaux selon la volonté divine, I Rois, 17, 1-6.

8. « Qui évite [...] plus sage » : Plutarque, *Manger la chair*, *op. cit.*

9. « soudain en proie au sentiment [...] dans les brasiers » : Italo Calvino, *Les Villes invisibles*, *op. cit.*

10. « Cherche à l'intérieur de toi ces animaux et tu les trouveras dans ton âme » : Origène, *Homélies sur le Lévitique*, *op. cit.*, V, 2.

11. « tu as aussi en toi [...] les étoiles » : Origène, *Homélies sur le Lévitique*, *ibid.*

12. « il y a en outre [...] prendre la souris au piège » : James Hillman, *Animal Presences*, Spring Publications, 2008.

13. « discerner le filigrane [...] des termites » : Italo Calvino, *Les Villes invisibles*, *op. cit.*

14. « grands empereurs d'Orient [...] défendre les animaux » : allusion à l'édit d'Ashoka sur les animaux : « Dans la vingt-sixième année de mon règne j'ai prescrit qu'on ne doit pas tuer les animaux suivants : perroquet, sarcelle, tadorne, oie sauvage, noctule, fourmi, tortue d'eau, crevette, raie, tortue et porc-épic, écureuil, cerf des marais, lézard, mangouste, rhinocéros, pigeon blanc, pigeon domestique, ni aucun quadrupède qui n'est pas utilisable ni comestible. En outre, la chèvre, la brebis et la truie, pleines ou allaitantes, ne doivent pas être abattues, ni aucun de leurs petits de moins de six mois. On ne doit pas non plus castrer le coq. On ne doit pas brûler un tas de paille dans lequel se trouvent des êtres vivants ; ni mettre le feu à un bois sans raison ou pour mal faire. Un être vivant ne doit pas se nourrir d'un être vivant. »

15. « Celle du corbeau, par exemple » : un culte chamanique du dieu-corbeau (Kutkh, Kutq, etc.) est attesté encore aujourd'hui parmi les peuplades du Kamtchatka, D. Koester, *When the Fat Raven Sings: Mimesis and Environmental Alterity in Kamchatka's Environmentalist Age*, in E. Kasten (éd.), *People and the Land: Pathways to Reform in Post-Soviet Siberia*, Dietrich Reiner Verlag, Berlin, 2002 ; W. Joschelson, *The Koryak*, E. J. Brill, Leiden, 1908. On trouve d'autres dieux-corbeaux en Chine, par exemple l'oiseau du soleil à trois pattes (*sanzuwu*), motif solaire, ou bien l'oiseau Qingniao, associé à la reine mère d'Occident et porteur de ses messages : R. E. Strassberg (éd.), *A Chinese Bestiary: Strange Creatures from the Guideways through Mountains and Seas*, University of California Press, Berkeley, 2002, p. 195.

16. « et savaient [...] le chemin » : Friedrich Nietzsche, *Der Antichrist* (*L'Antéchrist*), 1895.

17. « arc d'argent [...] flèches [...] carquois » : Homère, *L'Iliade*, I, 45-46 et 48-49.

18. « Apollon teignit de noir [...] le centaure Chiron » : Ovide, *Les Métamorphoses*, II, 534-632.

19. « des formes animales [...] le jardin d'Éden » : concepts et termes empruntés à James Hillman, *Animal Presences*, *op. cit.*

20. « Un cheval [...] mon royaume pour un cheval ! » : Shakespeare, *Richard III*, acte V, scène 4.

21. « synchronicité » : Carl Gustav Jung, *Réflexions théoriques sur l'existence de la psyché*, 1954.

22. « Ses yeux [...] étaient heureux » : hommage à William Butler Yeats, *Lapis Lazuli*, 1938.

Les justes

1. « il n'existe pas de génération [...] qu'ils exercent » : Jorge Luis Borges, *El Aleph (L'Aleph)*, 1949.

2. « quatre » : c'est ce que dit Borges, *L'Aleph*, *op. cit.*

3. « trente-six » : Talmud, Sanhedrin 97b ; Soukka 45b ; on a d'autres sources sur les Tsadikim Nistarim ou Lamed vavnik dans la tradition hassidique et dans divers textes cabalistiques plus tardifs.

4. « cinquante » : hypothèse fondée sur la Genèse, 18, 26.

5. « qui n'a ni endroit ni envers » : « *no tiene ni anverso ni reverso* », J. L. Borges, *Laberinto* (*Labyrinthes*), 1969.

6. « Un homme qui cultive [...] sauver le monde » : J. L. Borges, *Los Justos* (*Les Justes*), 1981.

7. « Le jeune assureur [...] carapace verte » : Franz Kafka, *Die Verwandlung* (*La Métamorphose*), 1915.

8. « à la peau ambrée [...] un peu sauvage » : David Garnett, *Lady into Fox* (*La Femme changée en renard*), 1922.

9. « trouvé coupable [...] avait besoin » : Alessandro Manzoni, *Storia della colonna infame* (*Histoire de la colonne infâme*), 1840.

10. « qui voulaient persuader [...] et d'intelligence » : Plutarque, *Manger la chair*, *op. cit.*

11. « *Pathei mathos* » : Eschyle, *Agamemnon*, v. 176-177.

12. « Depuis longtemps [...] et de deuil » : concepts et termes empruntés à James Hillman et Silvia Ronchey, *Il piacere di pensare*, Rizzoli, Milan, 2004, p. 136-137.

13. « notre univers [...] dans toutes ses parties » : Plotin, *Ennéades*, IV, 4,32.

14. « *Tiotío tiotínx* » : Aristophane, *Les Oiseaux*, v. 830-836, 852-858.

15. « *Triotò triotò totobríx* » : Aristophane, *Les Oiseaux*, v. 281.

16. « *Tuít-tuít-tuít. Giag-giag-giag-giag-giag-giag. Tiriú* » : T. S. Eliot, *La Terre vaine*, *op. cit.*, III, *Le Sermon du feu*, v. 31-34 ; cf. II, *Une partie d'échecs*, v. 23-27 (où il fait allusion au mythe de la métamorphose de Philomèle, violée par son beau-frère Térée et transformée en rossignol, tandis que sa sœur Progné était changée en hirondelle).

17. « esprit tremblant et subtil » : Giambattista Marino, *L'Adone*, VII, 32-54.

18. « si brutalement violée » : Eliot, *La Terre vaine*, *op. cit.*, v. 33 ; cf. II, *Une partie d'échecs*, v. 24.

19. « tordait [...] la mélodie » : Marino, *L'Adone*, VII, 33.

20. « en variant les timbres [...] lyre » : Marino, *L'Adone*, VII, 34.

Les marbres

1. « Et maintenant, imaginez un peu quel fut son émerveillement » : Carlo Collodi, *Pinocchio*, *op. cit.* ; la phrase évoquée ici (« Et maintenant imaginez un peu quel fut son émerveillement quand, à son réveil, il s'aperçut qu'il n'était plus une marionnette de bois, mais qu'il était devenu à la place un petit garçon ») figure au chap. XXXVI.

2. « certains humains [...] leurs propres bras » : Edmond Rostand, *Cyrano de Bergerac*, 1897, acte II, scène 8. (« Et que faudrait-il faire ?/Chercher un protecteur puissant, prendre un patron/et, comme un lierre obscur qui circonvient un tronc/et s'en fait un tuteur en lui léchant l'écorce,/grimper par ruse au lieu de s'élever par force ? Non, merci. »)

3. « parmi les loups de la steppe » : rappel du titre de Hermann Hesse *Der Steppenwolf (Le Loup des steppes),* 1927.

4. « dans les boutiques de cannelle » : rappel du titre de Bruno Schulz *Sklepy cynamonowe*, 1933.

5. « l'esprit [...] singerie des pensées » : la célèbre image employée dans les discours de Bouddha : *Samyutta-nikaya*,

sous la direction de L. Féer, in *Samyutta-nikaya of the Sutta-pitaka*, XII, 61, 8, Pali Text Society, Oxford University Press, Londres, 1884-1904, vol. II, p. 95.

6. « Il ne s'agit pas seulement des codes [...] du vol des abeilles » : librement inspiré de Steiner, *Men and Beasts*, *op. cit.*

7. « quand on aime on peut toujours faire quelque chose » : allusion à la célèbre phrase de saint Augustin, *In Epistolam Joannis ad Parthos Tractatus decem*, 7, 8. (« *Dilige et quod vis fac* », « Aime et fais ce que tu veux ».)

8. « une raison de mourir [...] et une raison de vivre [...] sont la même » : allusion à la phrase de Mahomet, répandue par la tradition orale soufie.

9. « ne pas agir, mais ne rien laisser inachevé » : il s'agit de la célèbre formule de Lao-tseu (dit aussi Lao Tsu et de nos jours partout Laozi), *Daodejing*.

10. « les cheveux, les feuilles et les plumes des oiseaux sont une seule et même chose » : Empédocle, éd. Diels-Kranz, fragment 82.

11. « ils deviendront prophètes, poètes, médecins et chefs sur la terre, et pour finir dieux immortels » : Empédocle, éd. Diels-Kranz, fragment 146.

12. « Dans l'une tout est difforme, dans l'autre tout se réunit » : Empédocle, éd. Diels-Kranz, fragment 21, 7-8.

La voix des étoiles

1. « le grand serpent [...] son bébé » : Virgile, *Les Géorgiques*, I, 244-246.

2. « la queue [...] disproportionnée » : le mythe de la nymphe Callisto traîtreusement violée par Jupiter et transformée en ourse, de sa montée dans les cieux avec son fils Arcas conçu lors du viol, où ils deviennent respectivement la Grande et la Petite Ourse (ou Boote), ainsi que la colère de Junon qui condamna les deux constellations à ne jamais se reposer, a été raconté par Ovide dans *Les Métamorphoses*, II, v. 404-507 et aussi dans *Les Fastes*, II, v. 153-193, se référant à la version d'Ératosthène (*Catastérismes* I, 1), laquelle provient elle-même des fragments d'un ouvrage d'Hésiode (éd. Merkelbach-West, 163-164). Quant à la queue anormalement longue que le mythe antique n'explique pas, c'est l'humour de l'astronome et mathématicien anglais Thomas Hood (1556-1620) qui l'a poussé à inventer une version apocryphe quoique répandue, selon laquelle Jupiter a lancé l'ourse dans le ciel en la faisant tournoyer alors qu'il la tenait par la queue, si bien que celle-ci s'est allongée démesurément.

3. « le long des rails courbes de la voûte obscure » : hommage à Italo Calvino, *Palomar*, 1983.

4. « Si par une nuit d'hiver un voyageur » : rappel du titre d'Italo Calvino *Se una notte d'inverno un viaggiatore* (*Si par une nuit d'hiver un voyageur*), 1979.

5. « la sainte, l'ineffable, la mystérieuse nuit [...] désolé et désert » : pastiche de Novalis, *Hymnen an der Nacht* (*Hymnes à la nuit*), 1800, I, v. 38-43 et v. 11-14.

6. « la Grande Ourse [...] des arbres » : hommage à Italo Calvino, *Palomar*, *op. cit.*

7. « la nuit du destin » : Laylat al-Qadr, Coran, sourate 97.

8. « la Voie lactée [...] char du soleil » : croyance pythagoricienne reprise par Aristote, *Les Météorologiques*, 345a ; voir aussi Diodore de Sicile, *Bibliotheca historica*, V, 23, 2.

9. « le lait épais [...] écailles de sa surface » : hommage à Italo Calvino, *La distanza della luna*, in *Le cosmicomiche* (*Cosmicomics*), 1965.

10. « Certains se servent [...] son croissant » : Rudolf Erich Raspe, *Baron Munchhausen's Narrative of his Marvellous Travels and Campaigns in Russia* (*Les Aventures du baron de Münchhausen*), 1785.

11. « Regardez, les revoilà ! [...] âmes de sang » : Ezra Pound, *The Return,* 1913, v. 5-9, 12-14, 16, 18.

12. « la folie des hommes [...] de musique » : Baruch Spinoza, *Ethica more geometrico demonstrata* (*L'Éthique*), 1677.

13. « les hommes-scorpions [...] de Gilgamesh » : *L'Épopée de Gilgamesh.*

14. « *tchiang-liang* [...] corps de chien » : J. L. Borges, *El libro de los seres imaginarios* (*Le Livre des êtres imaginaires*), 1957.

15. « chaque vertu existe [...] grands savants » : Plutarque, *Manger la chair*, *op. cit.*

16. « Tu fends du bois [...] tu la trouveras dessous » : Évangile de Thomas, 77.

17. « Tous les jours que durera la Terre » : Genèse, 8, 22.

Table

Première partie

Deuxième partie

Cet ouvrage a été mis en page par IGS-CP
à L'Isle-d'Espagnac (16)

Achevé d'imprimer en France
par Normandie Roto Impression s.a.s.
61250 Lonrai
N° d'impression : 2101921
N° d'édition : L.01EBNN000730.N001
Dépôt légal : septembre 2021